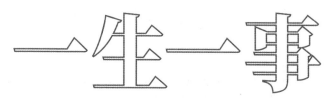

一生一事

33位笃行者的毕生坚守

人民日报要闻六版编辑室 / 编著

人民日报出版社

北京

图书在版编目（CIP）数据

一生一事：33位笃行者的毕生坚守 / 人民日报要闻
六版编辑室编著. -- 北京：人民日报出版社，2024.3
ISBN 978-7-5115-7926-3

Ⅰ.①一… Ⅱ.①人… Ⅲ.①人物－先进事迹－中国
－现代 Ⅳ.①K820.7

中国国家版本馆CIP数据核字(2023)第147187号

书　　　名：一生一事：33位笃行者的毕生坚守
YISHENGYISHI:
33WEI DUXINGZHE DE BISHENGJIANSHOU
编　　　著：人民日报要闻六版编辑室

出 版 人：刘华新
责任编辑：林　薇　陈　佳
装帧设计：元泰书装

出版发行：人民日报出版社
社　　址：北京金台西路2号
邮政编码：100733
发行热线：（010）65369509 65369512 65363531 65363528
邮购热线：（010）65369530 65363527
编辑热线：（010）65363486
网　　址：www.peopledailypress.com
经　　销：新华书店
印　　刷：北京博海升彩色印刷有限公司
法律顾问：北京科宇律师事务所 010-83622312

开　　本：710mm×1000mm　　　1/16
字　　数：180千字
印　　张：15
版　　次：2024年3月第1版
印　　次：2024年3月第1次印刷

书　　号：ISBN 978-7-5115-7926-3
定　　价：52.00元

编辑组

主编：董建勤　张彦春

成员：康　岩　宋　宇

　　　刘涓溪　吴　凯

序

"一以贯之"
是中华民族宝贵的文化基因

　　2019 年初，《人民日报》开设了一个名为"讲述·一辈子一件事"的专题栏目，迄今为止已讲述了上百位"一辈子一件事"的人物故事。这些人物在不同的领域、不同的环境中，以"一以贯之"的精神，向我们展现了人性中最崇高的执着、坚守与承诺。他们身上所折射出的中国精神、中国价值与中国力量，让人们产生强烈的感动，并且深刻地启迪着广大国人。

　　"一以贯之"的思想来自《论语》，是指做人做事，按照一个道理，从始至终都不会改变。和"一以贯之"相类似的词语还有"万法归宗""始终如一""善始善终"，而与之相反的词语则有"杂乱无章""虎头蛇尾""有始无终"等。从这些近义词、反义词中我们能看到，"一以贯之"并不是一成不变，也不是墨守成规，更不是顽固僵化。"一以贯之"是一种态度，表达的是一种肯定、坚定、笃定的价

值观。比如，孔子强调"一以贯之"，但他同时也大力主张
"因材施教"。他主张"克己复礼"，但也能够享受"七十而
从心所欲，不逾矩"的超然。所以，"一以贯之"与改变和
创新并不矛盾。相反，在一个坚定的宗旨与原则之下的改
变和创新，恰恰才是最有活力的。在这本书中的每个平凡
的英雄，都在用生命的精彩告诉我们这个朴素的道理。我
们能够感到震撼，觉察感动，产生共鸣，是因为"一以贯之"
是流淌在中华民族血液里的宝贵文化基因。

随着社会的进步，特别是中国改革开放 40 多年来国家
各行各业的飞速发展与社会生活的剧烈变迁，很大程度上
为人们的工作与生活创造了更多的选择与机会。人们习惯
于把目光放在那些不断变换的事物上，时间久了，似乎就
淡忘了其实还有一种推动社会进步与稳定的不变的力量始
终在默默地发挥着巨大的作用。

感谢人民日报总编室的编辑们的敏锐与积极行动，通
过"讲述·一辈子一件事"专栏，把我们的目光拉回到那
些聚光灯外的感人故事，那些踏踏实实、勤勤恳恳地为祖
国建设、社会发展、文明进步做出卓越贡献，同时又默默
耕耘、不计名利、正人正己的平凡英雄。

为什么这些平凡英雄能够做到"一辈子一件事"又无
怨无悔呢？读者们不妨动用一点心理学方法来探寻原因。
这个方法就是您在阅读某一篇故事时，将这篇故事中涉及
主人公的有积极意义的词语都标注下来。然后，将不同故
事的标注进行比对，您会发现总有一些词语是十分相似甚

至相同的。是的,积极的人生内容可能各不相同,但积极的人生态度总是万变不离其宗。科学研究发现,当一个人全身心投入一件事情,物我两忘时,会产生一种深刻而美好的心理体验。对这种美好的体验,有些人称为巅峰体验,有些人称为最优体验,而我则将这种情况称为"福流"。因为产生这种体验的人们不仅能获得生理潜能得到发挥与释放的愉悦感,更能够接收到大量大脑意志、意义与审美等神经中枢发出的积极信息。而当快乐具有了意义,行动具备了价值,结果承载了美与希望,那这些快乐、行动与结果就不再是简单的事实,而成了拥有意义、价值及美与希望的真实的幸福。所以,"一辈子一件事"不仅仅是人们看到的坚持,在"一辈子一件事"的背后,还有着一个人让自己的生命更加灿烂的幸福作为支撑。

幸福不是一切顺意,反而有时更强烈的幸福来自对艰苦的面对。坚持不是保守僵化,反而是在意义原则基础之上的开放、灵活与创新。因此,在百年未有之大变局背景下,在坚持中国特色社会主义道路上,在实现中华民族伟大复兴的漫漫征途中,对一个建设者来说,"以万变应不变"的"长袖善舞"固然十分重要,但"以不变应万变"的"一以贯之"同样刚健有力。

彭凯平

(清华大学社会科学学院院长)

目　录

一生一事
33位笃行者的毕生坚守

郑惠连：
"我愿意做一辈子快乐的行医者"

见郑惠连老人一面，并不容易……

这位 96 岁的儿童保健专家，把每天的行程安排得满满当当：为儿童义诊，给大家讲课，学习最新医疗知识……"请坐。"在郑惠连的办公室里，见记者到来，她放下手中的书，起身握手，温暖而有力。

2022 年是郑惠连来重庆的第六十六个年头。1956 年，她和 400 多名师生一起，从上海来到重庆，从此扎根西南，参与创建重庆医科大学附属儿童医院，一辈子和儿童打交道，成为一名快乐的行医者。

"做儿科医生，除了要有医术，还要懂得更多"

郑惠连出生在战火纷飞的年代，"眼睁睁看着许多身边人，尤其是孩子，因为缺医少药而失去生命……"回忆往事，郑惠连眉头紧锁，自家的 3 个姊妹兄弟幼时也因病去世。

从那时起，学医的念头，成了郑惠连心中不停燃烧的火苗……

抱着这个信念，1944 年，郑惠连考入国立上海医学院（复旦大学上海医学院前身）。毕业后，她来到上海第一医学院附属儿科医院工作，开启了儿科医生生涯。

"祖国号召广大青年支援西南，你愿意去重庆支援建设儿科医院吗？"1955 年，一道选择题摆在了郑惠连面前：留下，可以在自己熟悉的地方安心工作生活；西迁，可以支援西南医疗体系建设，保障更多孩子的健康。郑惠连没有犹豫："1956 年初，记得是大年初三，我来到了重庆。"

刚到重庆时，郑惠连很不适应——听不懂的方言，不好走的坡坎路，以及饮食习惯不同……"从两路口走到观音岩，要爬 200 多级台阶。"脚上磨起血泡，就脱了鞋光着脚继续走。这些她都不在乎，一心只想着儿童医院建设的事儿。

彼时的儿童医院尚是一张白纸，怎么建？作为筹备组里唯一的医生，郑惠连想，虽然可以借鉴上海的经验，"但不能照搬，也远远不够"。为此，她拜访了当地各大医院的儿科。做调研、问流程、学规则，从病床尺寸、医疗器械，到医生处方笺、护士体温单……郑惠连关心的，不仅是有关医疗的事务，医院的整体建设，郑惠连也仔细询问，生怕漏了一点半点。

半年后，重庆医学院附属儿童医院开诊，病人涌进医院。作为医院唯一的主治医师，郑惠连忙得团团转。"做儿科医生，除了要有医术，还要懂得更多。"虽然忙，郑惠连还是抽出时间，针对儿科创立了辅餐制、预诊制，儿童医院的制度规范逐步建立……

"我们面对的是儿童，必须要高度负责"

一次走在路上，不远处的墙角，蹲着一个瘦弱的小姑娘。郑惠连看到了，心里直犯嘀咕："是不是身体不舒服呀？"看到小姑娘的父亲在旁边，郑惠连忙赶过去，进行了自我介绍，也说了自己心中的疑虑……

这时，小姑娘的父亲一下子抓住郑惠连的胳膊："看了好多医生，都不知道是啥病，能帮帮我吗？"通过仔细检查，确定小姑娘是甲状腺功能低下患儿。多亏了及时治疗，小女孩逐渐康复，如今已长大成人，过上普通人的生活。

这个小姑娘，只是郑惠连治疗过的众多孩子中的一个。时间长了，郑惠连想："孩子的病，怎么都看不完。"

"要把更多功夫下在预防阶段。"到了20世纪70年代末，"儿童保健"的概念进入郑惠连的视野。当时，儿童保健在全国尚处于起步阶段，没有可借鉴的经验。郑惠连带领团队，组建了儿童保健教研室，这一干，又是几十年。

为了尽快填补儿童保健领域的空白，郑惠连阅读了大量医学书籍和文献，并从临床中逐渐积累经验。原卫生部（现国家卫健委）全国高等学校规划教材《儿童保健学》第一版，便是郑惠连牵头组织编辑的。

每次为儿童检查，她都把手搓热了再触诊，学生们也学着郑教授，手里常常揣个暖水袋；有的父母缺乏儿童保健常识，郑惠连比父母都着急，可一转头，又会耐心地给他们讲注意事项……"我们面对的是儿童，必须要高度负责，不仅要技术过硬，态度更要好。"

在别人看来，儿童保健工作十分烦琐，怎么喂养，如何做好营养均衡，如何养成好的性格……可在郑惠连眼里，这是让孩子一辈子都受益的事，无论多么琐碎，都很值得。

"我愿意做一辈子快乐的行医者"

年近花甲之时，郑惠连又有了新任务。

20世纪80年代，郑惠连先后4次率领团队出国考察。英语过硬的她，每天晚上为中国学员"补课"，翻译当天的学习课程再分享给大家。社区儿保、伤残儿童管理、世界妇幼工作动态……回国后，郑惠连更加明确了儿童保健的研究方向，也推出了更多在业界有影响力的成果。

退休后的她，又把义诊搬到了山区。从市里出发，坐车6小时，在城口县下车；在这个位于大巴山深处的小县城，郑惠连连续坐诊一个月，手把手教当地医生做儿童保健："看一个孩子要40分钟，给家长讲又要1小时，做儿科医生，要有十足的耐心。"

义诊，讲座，会议……郑惠连一直没有闲下来，即便90岁高龄，她也不停歇。每次做讲座用到的PPT，郑惠连都要自己在电脑前琢磨好久。

现在，闲不下来的她，开通了线上问诊。

"郑教授，孩子6个月大了，坐不稳怎么办？"

"郑教授，宝宝1岁多，不愿意洗头怎么办？"

很多年轻人都没有育儿经验，"问题再简单，也要耐心解答"。郑惠连每天都按时上网，给网友们支着儿，"能够将毕生所学，传授给年轻父母，帮他们养个健康快乐的宝贝，其乐无穷"！

2012年，从事儿科医疗保健、教学和科研工作半个多世纪的郑惠连荣获"全国儿童保健医师终身成就奖"。

"孩子们都健康，国家就更有希望。"郑惠连说，在她接诊的孩子中，有的已为人母，现在又带着自己的孩子来找她做儿童保健，这让她感到欣慰，"我愿意做一辈子快乐的行医者"。

（原载《人民日报》2022年1月7日）

人·物·小·传

郑惠连：1926 年生，1956 年从上海西迁至重庆参与医院建设，曾任重庆医科大学附属儿童医院儿保科主任、儿保教研室主任，教授、硕士生导师，享受国务院特殊津贴。她长期从事儿童保健工作，为中国儿童保健事业做出了突出贡献；1996 年主编的《儿童保健学》高等院校教材，获卫计委优秀教材二等奖；1996 年获评卫计委全国妇幼卫生先进工作者，2003 年被评为全国老年卫生科技优秀工作者，2012 年获得全国儿童保健医师终身成就奖。

记者手记

爱与责任放心间

见到郑惠连，会感受到"朝气"。她说，这是因为长期和孩子们在一起。告别上海，西迁重庆，扎根山城 66 年，郑惠连有使不完的劲儿。她用医者仁心，在患者心里种下希望。回报她的，是孩子们快乐的笑脸，是家长感激的眼神，是大家爱心的传递……

直到现在，每次看到小孩子，郑惠连都会仔细观察。对她而言，这是职业习惯，更是心中割舍不掉的责任。

在工作和生活中，把眼前的事情做好做细，便能给社会贡献更多力量。每一个人都应该积极向上向善，把爱与责任放在心间，从"赠人玫瑰，手有余香"中感受持续温暖的前行力量……

常碧罗

黄克智:
健康加勤奋，一生不虚度

"健康加勤奋，一生不虚度。"在送给记者的书上，黄克智院士工工整整地写下了这样一句话。

话语如是，践行亦如是。年逾九旬的黄克智一直坚持清晨4点半起床，每天长时间工作，"从不浪费点滴时间"。在与记者约定9点见面之前，黄克智已完成打网球、阅读等"固定动作"。

71岁开始练习网球，黄克智已坚持20多年。说起这项运动，他热情高涨，"其实我和老伴的球艺并不高，但我们乐在兴趣，享受坚持"。

"把我的一生奉献给科学和祖国"

70 余年科研工作中，黄克智始终很忙：发表学术论文 400 余篇，出版专著 7 部；发展求解壳体问题的合成分解法，把极复杂的壳体问题改变为几个更简单的问题；带领团队推动压力容器设计方法的进步，解决了两个国际压力容器界曾经公认的难题；坚持从交叉学科的角度研究页岩气高效开采问题，瞄准技术发展前沿……

说起学术生涯，黄克智向记者展示了一张泛黄的老照片：照片中是一位 28 岁的英俊小伙，背景是苏联时期的莫斯科大学。

1955 年，教育部首次派出高校教师进修代表团赴苏联进修，刚被提拔成讲师的黄克智在清华大学的五人名单之中。在苏联学习期间，黄克智夜以继日发奋学习，三年没能同家里通上电话。最终，他的努力得到了导师——著名力学家拉包特诺夫的肯定。

在一次小组会议上，黄克智的导师发出赞叹："从来没有见过这么努力的学生"，并且建议黄克智争取莫斯科大学博士学位。

1958 年年底，正当黄克智初步拟就博士论文、准备答辩之际，一封召其回国、组建我国第一个工程力学系的电报被送到他手中。"我想这是国家最需要我的时候。"经过一番思想斗争之后，黄克智放弃了即将获得的博士学位，坐了六天六夜的火车回到清华大学。

回国后，他在六七年时间里开设了弹性力学、塑性力学等八门课程，为我国第一个工程力学系的创建与发展打下了基础。

教书育人，躬耕不辍。大学毕业后的 72 年，黄克智有 71 年都是在清华大学的讲台或办公室里度过的。"这一辈子我做了一件值得骄傲的事——把我的一生奉献给科学和祖国！"黄克智说。

"我把这里的年轻人当作自己的孩子"

改革开放后，国家百废待兴，固体力学领域急需人才。为了能够"把失去的十几年时间赶回来"，黄克智确定了后半生的"小目标"：为清华大学的固体力学建立一个年轻而强大的团队。

40 年中，黄克智始终不敢有一丝懈怠：培养了上百名研究生、近 70 名博士生、5 名院士……"清华是我的根，力学系是我的家。我把这里的年轻人当作自己的孩子。团队的茁壮，年轻人的成长，是我一生的期望。"秉持如此理念，黄克智注重从学生中物色苗子培养成才，动员留学的年轻人学成归来报效祖国。

提起黄克智，清华大学航天航空学院的同学都亲切地称他为固体力学专业的"祖师爷"。学生眼里的黄院士，以"严"出名，对课题基础理论部分要一字一句地推演检查。

"任何模糊的概念和不严谨的推导都休想蒙混过他的眼睛。"他的一位学生说。

回忆和黄克智一起学习工作的生活，清华大学教授薛明德眼中流露着感恩，"黄老师把参加国内外学术活动的机会，一次又一次推荐给年轻人，让我们得以在学术界展露才华"。

"每当我开一门新课，我就把自己读过、亲自推导过的文献连同我的笔记、讲稿毫无保留地交给其他年轻老师。"在与年轻学者的合作方面，黄克智总竭力为他们的研究创造条件。

被记者问及最骄傲的成绩时，黄克智笑着说："当年的'小目标'已经基本实现，目前清华固体力学专业已经形成一个老中青相结合、团结向上的力学团队。在我们的集体中崇尚：科学的道德、严谨的学风和团结合作良性竞争的氛围。"

"固体力学的每一个领域都足够奋斗一生"

"每隔5—10年我就要换一个新领域：60年代研究壳体理论、塑性理论、蠕变理论；70年代研究压力容器；80年代研究智能材料相变力学；90年代研究微纳米尺度的力学……"

黄克智选择的研究方向，与当时的国家需要密不可分。"研究的课题为民族和国家做贡献，也是为自己做贡献，这是完全统一的。"黄克智说，"只要以国家需要为导向，力学可以做的事情很多很多。"

2012 年，85 岁的黄克智在参加中科院院士大会时了解到，我国石油页岩气开采产业与世界领先技术仍有差距。他立刻把研究方向投入石油页岩气领域……

进入新的领域，困难重重，一切都得从头开始，但黄克智坚持了下来……回忆起和学生们一起研究的经历，黄克智说："有一段时间几乎整天茶不思饭不想，就想着问题怎么解决，坚持一段时间以后，才慢慢地找出一条路子来。"

投身固体力学研究领域 70 余年，黄克智不曾觉得寂寞，"总觉得时间不够用，怕赶不上发展"。黄克智说："固体力学的每一个领域都足够奋斗一生。"

如今，92 岁的黄克智与儿子黄永刚已合作 30 余年，共同发表 SCI 科学论文 200 余篇、专著两部；10 年前已出版《高等固体力学》上册，现正赶着完成下册。提到 92 岁高龄每天还能坚持工作六七个小时，他说："成就出于勤奋，这是我一辈子遵循的法则。"

（原载《人民日报》2019 年 4 月 15 日）

人物小传

黄克智：1927 年 7 月生于江西南昌，著名力学家与力学教育家，长期从事弹塑性力学、薄壳理论和塑性理论的研究和教育工作。他在压力容器、智能材料本构关系、应变梯度塑性理论、可伸展柔性电子元件力学等研究中，做出了重要成就，也是清华大学工程力学系创建人之一，培养了一批固体力学研究人才。

向"追逐时光的人"致敬

呕心沥血，每天4点半起床晨读，不断扩展研究领域；乐当园丁，身体力行传递为学态度，培养出研究生逾百人；心怀家国，面对即将获得的博士学位，毅然回国投身工作……与黄克智交流，丝毫感受不到鲐背之年的暮气，而是始终向阳生长的勃勃生机。

"黄老师是一个追逐时光的人。"当谈起与恩师的点点滴滴时，他的学生曾写下这样一句话。诚然，生命有限，黄克智倍加珍惜点滴时间，恨不得将每一分钟都献给学生、献给固体力学、献给国家。

在学生眼里，黄克智是一位严师，治学严谨刨根问底；在同侪口中，黄克智是一位挚友，对人坦诚毫无保留；在妻子心中，黄克智是一个好丈夫，感情细腻体贴入微。谈及一生中自己的坚持，黄克智的办法十分简单——"我认为成就出于勤奋。"

吴　凯

严明友：
"为了孩子们，我要继续教下去"

　　手写的乐谱，贴在黑板上。掀开绒布，打开琴盖，面朝讲台，严明友坐得笔直。袖口因长期擦着琴键，已经磨出了毛边。双手有力，弹起琴来格外铿锵……

　　"风在吼，马在叫，黄河在咆哮……"在安徽省定远县朱湾镇朱湾小学里，窗外，风声穿过校园，呼呼作响；屋内，歌声伴着琴声，清脆响亮。

　　严明友这辈子最喜欢的事，就是跟孩子们在一起。无论是退伍转业后当乡村教师，还是退休后义务教乡村孩子音乐，70年来，他和孩子们的歌声一直嘹亮。

"音乐很重要，能带给人们一往无前的勇气"

严明友的床底下，藏了一箱子乐谱。

《没有共产党就没有新中国》《黄河大合唱》《歌唱祖国》……毛笔蘸上墨汁，歌词和简谱被严明友记在宣纸上。"有些是从书上看的，有些就是听着磁带记下来的，为了方便教学。"严明友展开乐谱，铺在桌上，看着一张张手抄的歌单，想起了自己从军的岁月。

幼时家贫，严明友没有条件学习唱歌，不承想，后来却和音乐结了缘。

13 岁那年，小学刚毕业，他就加入了新四军，成为政工队的一员。"没有乐器，不用伴奏，大伙穿着草鞋唱歌。"在部队里，严明友唱给战士们听；在田间，他唱给老百姓听，"我头一回意识到，音乐很重要，能带给人们一往无前的勇气"。

1952 年，严明友退伍转业，23 岁的他被分配到当时的安徽省盱眙县文教科当会计。坐在办公室里，拨算盘、记账本。别人眼中的安逸生活，却不是严明友想要的。63 天后，他辞去工作，拎着包袱，奔赴乡村，选择成为一名教师。

茅草屋里，捧着书本，严明友用略带方言的口音带着孩子们大声朗读课文；站上讲台，拿起粉笔，他一笔一画地教娃娃们写下自己的名字；扛着小旗，哼着歌谣，春暖花开时，学生们跟着严老师到野外爬山、锻炼身体。

明明是语文教师，却弹得了脚踏风琴，严明友的学生宋运动对自己上小学时围着严明友听琴的日子记忆犹新。"一下课，循着声，我们都向严老师家跑。"宋运动说，跑得快就凑得近，能够瞅着琴；跑慢了，只能趴在窗户上看严老师弹琴。在严老师这里，宋运动第一次感受到了音乐的魅力。

"过去，农村孩子没有太多文娱活动，摘片树叶吹出声音就能开心大半天，乐器更是没接触过。"严明友一边翻动着乐谱，一边说。为了增加大伙对音乐的认识，他咬咬牙掏出40多块钱买了架风琴，这相当于他当时一个多月的工资。

从此，严明友当上了"兼职"音乐教师，在教语文的同时，也用音乐陪伴着孩子们。

"思来想去，我决定重返校园，义务支教"

乡间小路上，常能见到严明友的身影：脚踩布鞋，一袭蓝衣，背着挎包，装着乐谱，步行往返11里。"课不多，一星期11节。朱湾小学上6节，复兴小学在村里，排了5节。"趁着能走能唱，严明友想多教一些。

1990年，严明友上完"最后一课"，原本是要离开讲台的。可退了休，在家待着，他心里不踏实。"思来想去，我决定重返校园，义务支教，继续给孩子们上音乐课。"严明友说。

用钢琴教合唱，说不定孩子们更能接受。抱着这个念头，2006 年，77 岁的严明友到北京自费学习钢琴。年纪大，底子薄，面对这个"大龄"学生，连钢琴老师都有点担心。

从乐理知识到弹琴指法，严明友与时间赛跑，日复一日练习。手上磨出了一层茧子，身体又单薄了几分。经过几个月的学习，他终于能弹奏一些乐曲了；音乐课上，从此响起了悦耳的钢琴伴奏声。

整天和学生们打交道，严明友很快乐。可他却一度担心，自己年纪太大了，孩子们并不喜欢他。于是，80 岁那年，他决定不再上课了。

没想到，两个学生哭着来找严明友。"娃娃们说，如果我不去教音乐，他们就没办法学唱歌了。为了孩子们，我要继续教下去！"站在音乐教室里，老人抚摸着琴键，望着孩子们在操场上奔跑的身影，下定了决心。

慢慢地，音乐使严明友和学生们之间建立了联系，相互加深了了解。学校里，孩子们遇见他，会有礼貌地上前道一声"严老师好"；课堂上，铿锵有力的旋律，伴着阵阵稚嫩的歌声，默契又和谐。

教了一辈子书，严明友带过的学生一茬接着一茬。他总是站在教室门口，目送孩子们毕业离校……

"看到孩子们有困难，就想着尽自己所能帮助他们"

严明友背包里，除了乐谱，还装了一个水壶，带着几个馒头。"村小离得远，有时一天都有课，中午回去不方便。"严明友说，自己带着干粮，中午就在教室里吃一口、歇一会儿。

走进严明友家，就会发现，一间瓦房，不到20平方米；一张桌子、一个灶台、一架钢琴，几乎就是全部家当；一碗面条、一盘素菜、一碟咸菜，就是一顿饭。严明友的床头，摆满了崭新的《新华字典》，这是为孩子们准备的奖品。

对自己近乎苛刻的严明友，满心满眼都是孩子们。听说有的乡村小学也想上音乐课，但是缺少乐器，他马上捐赠了7台电子琴；寒暑假，孩子们想跟着他学音乐，他既教弹琴，又教唱歌，还买菜做饭，照顾孩子们；每月4000多块钱的退休金，他大多捐了出去，留给自己的所剩无几。

已经大学毕业的刘丹丹，曾经受到过严明友的捐助。十几年前，得知当时五年级的刘丹丹家庭困难，难以继续学业，严明友当即拿出了身上仅有的400块钱。此后，从中学到大学，从学费到生活开支，严明友一直在默默支持着她。"看到孩子们有困难，就想着尽自己所能帮助他们。"严明友说。

"严老师这辈子没什么积蓄。"宋运动说，过去很多孩子家里穷，他就把自己的口粮送给他们；现在条件好了，他又把退休金都捐了出去。

有学生围绕，与音乐相伴，如今，93岁的严明友身体健康，依旧每天往返于朱湾小学与复兴小学之间，闲暇时，他会带孩子们爬山，边登高边歌唱。聊起音乐来，他话语不断。"我这辈子，最快乐的就是教孩子们音乐。一唱歌就忘了累，一弹琴就有使不完的劲儿，既充实，又安心……"

（原载《人民日报》2022 年 3 月 28 日）

人物小传

严明友： 1929 年出生于安徽省定远县，定远县朱湾镇朱湾中学退休教师。13 岁时，严明友参军入伍；1952 年退伍转业，他主动要求到条件艰苦的乡村学校教书，一干就是近 40 年。1990 年退休后，严明友见乡村学校缺少音乐教师，决定义务支教。扎根乡村从教 70 年，严明友用音乐与爱执着坚守，呵护孩子们成长。

不知疲倦　呵护成长

复兴小学简陋的教室里，摆了一架电子琴，这是严明友用退休金为孩子们添置的。这架琴，对乡村孩子来说，如同平凡生活里的一束光，教孩子们感受音乐之美，汲取追求梦想的力量。

为了能让更多乡村孩子学唱歌，退休后的严明友再次忙碌起来，义务支教，乐此不疲；他还不顾自己的身体和年纪，从零开始学习钢琴。这位九旬老人，好像不知疲倦，总是在乡村学校坚守着，陪孩子们一天天长大。

田间、山头、芦苇荡，从《我和我的祖国》到《我们的田野》，跟着严明友，孩子们边学习边歌唱。歌声与心声，交汇在一起，温暖人心，催人向上。

游　仪

姚志诚：
赤子之心报家国

"每天来到单位，看到'金相室'这三个字，我心里就踏实了。"每天早上5点多，91岁的姚志诚都穿着干净整洁的工作服，步行来到沈阳飞机工业集团公司理化测试中心金相室，开始一天的工作⋯⋯

金相室承担了金属材料入厂验收和生产车间零件的金相检测分析以及飞机故障件的失效分析工作，行业内也将金相室的人称为金属材料的"内科大夫"。姚志诚在这个岗位上一干就是60多年，把毕生精力都奉献给航空事业。如今，虽已退休多年，但年逾九旬的他依然用丰富的学识和经验攻克一个个难题，继续培养人才。

"只要是航空事业需要的，都是我应该做的"

"小时候，我最大的梦想就是让咱们中国人自己制造的飞机飞翔在湛蓝的天空中。"年少时，一颗航空报国的"种子"就在姚志诚的心里种下……

1955 年，姚志诚从浙江大学机械系铸造专业毕业，随后进入国营 112 厂（今航空工业沈飞公司）理化测试中心冶金专业金相室。"我们金相室有两项重要职能：一项是金相检测，就是把关全厂所有加工车间金属材料是否符合要求；另一项是对故障件进行失效分析。"

姚志诚入厂时，正值新中国的第一个五年计划实施时期，"那时候，我们室只有一间办公室、几张桌椅。三四个人围在一台二手金相显微镜旁进行工作，技术资料更是缺乏"。姚志诚回忆：他和同事们四处寻找资料，把省吃俭用攒下来的钱用来购买技术资料和专业书籍。

身为研究员级高级工程师，姚志诚从不摆架子，特别平易近人。一些本应是试验工完成的工作，他也一丝不苟地完成。为了加快生产进度，姚志诚常常用镊子夹着棉球，蘸着呛人的浓硫酸，一点一点地清理零件上的缺陷。镊子握得太久，手指变形弯不过来，他就咬着牙活动弯曲的手指，稍微缓解后继续工作。此外，姚志诚从来不分分内分外，不管上班下班、白天黑夜，总是有求必应、随叫随到。"只要是航空事业需要的，都是我应该做的。"姚志诚说。

"我想在攻克飞机制造材料难关方面，再尽一点微薄之力"

金属材料的失效分析是金相室承担的一项重点和难点工作。飞行故障原因可能涉及原材料冶炼、入厂试验、生产线、装配、试飞和外场故障等各个环节。因此，案例和经验积累非常重要。对于各类典型故障，姚志诚总是在问题解决后给问题零件拍照，将零件收集到陈列柜中，并完整地保存技术资料。

截至目前，姚志诚收集整理的技术资料已有98包、300余万字，典型试样和缺陷标样达到400多件。姚志诚还精心手写目录，标注信息，以方便同事参考查阅。

1971年，工厂技术人员发现，在某新型飞机上，由新材料制成的零件有冷脆倾向。有专家主张立即停止使用这一材料，并更换材料重新制造该零件。关于冷脆倾向是否会危及该零件安全性能，姚志诚做了一系列实验，并查阅了大量文献资料。最后他断定，该新型材料在低温状态下虽然存在冷脆倾向，但依然能保证使用的安全性。他的这一正确判断，不仅使工厂免遭了经济损失，而且为该新材料的应用打开了更广阔的空间。

类似的事例，一桩桩，一件件，不胜枚举。在沈飞公司工作期间，姚志诚先后解决了上百个科研生产关键问题，为公司节约资金数百万元；撰写了200多篇论文和技术总结，其中有的被航空院校编入教材，有的被中科院金属所选用参加国际断裂力学会议交流。时至今日，姚志诚的科研工作依然在继续。他说："在有生之年，我想在攻克飞机制造材料难关方面，再尽一点微薄之力。"

"在最喜爱的工作岗位上工作，是我最大的幸福"

客厅中一套又旧又小的沙发，卧室里一张不大的双人床……如今，姚志诚仍住在 20 世纪 70 年代建的 60 多平方米的老房子里。公司想为他改善居住条件，被他婉言谢绝了。1990 年 2 月退休后，他主动提出，不计报酬，继续留在工作岗位上工作。"退休不退岗，能继续穿工装是我的心愿。"姚志诚说。

2013 年秋，姚志诚腿部意外骨折，大家前去看望。来到病房后，大家被眼前的一幕感动了：老人正在病床上翻译关于"氢脆"问题的外文经典论著，译稿上写着绵绵密密的娟秀小字。"这本书是从英文翻译成俄文的，我没有找到原版书，要是能找到就太好了。"姚志诚说。

"也有人劝我，退休了就不用每天都来上班。可是，在最喜爱的工作岗位上工作，是一种乐趣，更是我最大的幸福。"姚志诚说，"只要我头脑清楚，腿脚能走路，我就会来单位。我不要工资，我就喜欢一直在这里工作。"

"在金相室，每个年轻人都研读过姚老编写的《失效分析案例汇编》，这是他整理归纳的自 1956 年以来业内具有代表性和技术价值的案例汇编。平时大家也非常愿意跟姚老待在一起，尤其是青年人，遇到问题都愿意向他请教。姚老也有求必应，热心地帮助我们翻译资料、修改论文等。"理化测试中心金相室的年轻人代朋飞说。

"我虽然年龄大了，但要继续研究、探索，给年轻人做个榜样。"姚志诚深情地说。

（原载《人民日报》2021 年 6 月 21 日）

人物小传

姚志诚：中国航空工业集团公司沈阳飞机工业集团公司高级工程师，1930 年 2 月出生，1955 年毕业于浙江大学，之后一直从事航空产品金相检测和失效分析工作。1975 年加入中国共产党，曾获全国五一劳动奖章、"航空劳动模范"称号等荣誉，享受国务院政府津贴。

事业需要　苦累无悔

只要是祖国航空事业需要，再苦再累也无悔。

在姚老的一生中，第一个30年，他投身航空事业努力储能蓄势，待机而发；第二个30年，他为航空事业执着奋斗，全力奉献；第三个30年，他为航空事业坚守初心，薪火相传。求知、奉献、传知，他的人生和航天事业紧紧相连……

择一事，做一生，姚老以忠诚奉献的赤子之心，书写了一段航空报国的精彩故事。

刘洪超

李凡:
青山为伴　此生无憾

　　又是一年披绿时，晋北大地的阵风带来了一丝暖意。李凡穿着一双球鞋，和家人站在龙首山上远眺：5万亩绿尽收眼底，李凡像看孩子般疼爱地看着眼前的一切。漫山遍野的苍松像在招手示意，向这位老者致敬。

　　李凡92岁了。他说："植绿这件事，能干多久干多久！人不负青山，青山定不负人！" 全国绿化奖章、山西省"林业功臣"、全国老有所为先进个人……他的一生，与植绿结下不解之缘。

"县里的绿化方案，我一直在参与，不能半途而废"

初见李凡，颇感惊奇：老人家精神矍铄，走路不拄拐，更不需要家人搀。年逾九旬，李凡依旧舍不得休息。3月初，他刚和山西省应县园林局工作人员驱车到河北定州、安平两市县，考察、预订了100余万株白皮松、紫叶李、金叶榆等乔灌木。

"县里的绿化方案，我一直在参与，不能半途而废，"李凡说话精气神很足，而且对新知识掌握得特别快，"晋北地区风沙大、气候干，对乔灌木种苗的要求高，质量马虎不得，我自己去看了才能放心"。

3天时间在外，不怕舟车劳顿吗？李凡笑着摆摆手："十几年前、30年前，条件比现在艰苦多了，但想到能让沙地变绿林，付出再多也值得。现在条件好多了，轿车开得快，路直接通到林圃门口。"

李凡年轻时常下乡，皮肤晒得很黑。1975年，一位友人来到当时李凡下乡的应县东辉耀村，问村民们去哪能找到他。村民指着远处："你自己过去看，领头的那个背上黑溜溜的就是他。"原来，李凡从小习惯"赤脚板走路"，夏天总是不穿鞋、光着膀子，脚磨得棘篱都扎不进去，脊背、胳膊每年都要脱好几层皮。

吃苦、要强，是李凡的底色。从1968年开始，李凡就在东辉耀村下乡，面对这个"夏天水汪汪，冬天白茫茫"

的湿盐碱滩，李凡和队员们确定了"改土、治水、植树"的改良方案。改土需要推土垫地，时任村支书的袁世祥回忆道："有一天，天上星星还亮着，我推起小车出了门，以为自己是最早的。谁知道到了积肥堆一看，李凡已经推了两车了。"

整整 3 个春秋，李凡和村民们硬是在这盐碱地上填出500 亩良田。春天的时候，李凡又带着村民们栽树，"挖坑、放苗、回填、踩实，重复了不知道多少遍"。有一次在地里劳作时，李凡没穿鞋的脚受了伤。但李凡找村里的"赤脚医生"简单包扎了一下，就很快又回到工地⋯⋯

"用系统化、全局性的思维做好绿化"

20 世纪 80 年代后期，李凡担任雁北地区林业局局长，更是天天和林木打交道。"用现在的话说，叫'专业对口'。"李凡端起磨得掉漆的大茶缸子喝了一口，接着说，"到了林业局，关注的就是区域性的绿化问题，得用系统化、全局性的思维做好绿化，不能眼睛只盯着一个地方看。"

一开始，林业局的人们都很奇怪："新局长来了就露了一面，之后一个月都见不到人了。他去哪儿了？"他们不知道的是，李凡当时已经坐着那辆破旧的吉普车，来来回回驱车上万公里，把当时雁北地区的 10 多个县都跑遍了。"晋北自古风沙大，当时很多地方全是土路，车在前面走，后面弥漫着黄沙。"

　　龙首山上，桑干两岸，西口古道，都留下了李凡奔波的身影。跑完一圈，当时落后的绿化基础让李凡忧心。"空有400万亩宜林地，挡不住这漫天的黄沙！"在哪种、怎么种、种什么，在那个全国绿化事业尚未成熟的年代，李凡需要从每一个细节开始。

　　擅布局、讲实效，李凡在心中绘好了绿化蓝图。他带着大伙推行工程造林的思路，提出种植油松、樟子松、仁用杏，打造3个"百万亩基地"。"油松、樟子松，是经过实践检验的，是最适合当地干旱风沙气候、成活率最高的植物。"李凡说，"那个时候，工程造林刚开始推广，绿化资金需要一点点'攒'。"为了早日实现"百万亩"目标，李凡四处奔走，"要下一点钱，赶紧投到买苗木里去"。

　　7年时间里，李凡经常吃住在绿化工地上。1989年春，李凡到左云县东梁万亩油松基地，与大伙一块儿植树。摸黑起床干活时，不慎摔到沟里，整整昏迷了半个小时；他被抬到医院一检查，全身肿黑20多处，但只休息了十来天，他拄着根木棍就又出现在造林工地上。

　　梦想一点点照进现实。李凡担任雁北地区林业局局长7年的时间里，仅万亩以上成片林就建成28个。全国林业现场会、"三北"林业现场会、山西省林业现场会当时相继在雁北地区召开，当地受到了表彰。

"我在这守着，心里才安心"

3月的天气，暖和异常。李凡顶着中午的太阳，从龙首山下来，擦了擦额头的汗。李凡仍是那个李凡，即便已然92岁高龄。

1993年，退休后的李凡回到应县，成了当地的林业顾问。在这个"岗位"上，李凡干得比以前更认真：他编制了应县林业建设规划，提出了直到现在仍在坚持的大道绿化思路；提出的"集体栽植、林权到户"改革措施，使应县山区9万多亩林木的管护问题得到了彻底解决；他用脚步丈量出应县的土壤气候特点，探索总结出"旱地栽植沙柳采取挖坑扎孔栽苗"的经验，在全朔州市得到推广。

龙首山的变迁，饱含着李凡的心血和汗水。"几十年前，这里就是一堆土石山。当初在龙首山试验过小老杨改造、荒山造林工程，效果不理想。"经验丰富的李凡想了个办法：给松苗"穿衣""戴帽"。"这边风沙大，前一天种下的苗，第二天就被厚厚的土盖住。我们试验种进去之后，再在松苗上面和周边盖上杂草，再用土压住，过段时间松苗成活了，再把土和杂草挪开。"这个办法，核心在于保证松苗不直接受到风沙侵害，从而提升了成活率，得到了当时有关部门的肯定。

现在的龙首山，栽植着樟子松、油松等林木5万亩，成为生态旅游景区，是当地群众休闲度假的好去处。由于出色的绿化成绩，应县相继获得"全国绿化先进县""全国造林绿化百佳县""全国绿色名县"等荣誉称号。

守初心、不懈怠，李凡把一生奉献给了晋北的绿。退休后的30多年里，他又用脚步丈量着应县的沟田垴梁，球鞋磨坏了30多双。应县林业局党委书记赵志国记得：2011年秋季县城四环路绿化，共移栽株高6米的樟子松5000株，年过八旬的李凡每天早出晚归，10多个小时坚守在工地，双腿肿得抬不起来了……当时好多人劝他："您回去休息吧，我们保证干好！"李凡不服气："有树为伴，我很幸福！我在这守着，心里才安心！"

青山为伴，此生无憾。李凡迈着矫健的步伐一路从山上与记者同行而下，阳光洒在他的银发上，松涛声阵阵入耳……他说："一辈子干一件事，值了。"

（原载《人民日报》2022年4月12日）

人物小传

李凡： 1930年10月生，山西应县人。1954年参加工作，1960年加入中国共产党。退休前曾任山西应县农工部长、共青团山西省委青农部长、山西省雁北地区平鲁县长、山西省雁北地区林业局局长。1993年获得全国绿化奖章，1994年获得山西省"林业功臣"称号，2009年被评为全国老有所为先进个人。现任应县人民政府林业顾问。

为了心中的那片绿

　　青山会说话。龙首山微风袭来，似乎是在向李凡致意。在绿化的一线坚守，他和树结下了深深的缘分。走在山路上，李凡像是不断地和旧友打着招呼，不时拍拍树干，连折落的枝杈都要捡起来放在树根旁……

　　这里留存着他年轻时的影子。早年工作时，龙首山就是他常来的地方。他的一生，全身心投入绿化事业中，将绿意播撒遍晋北大地。

　　晋北自古苦寒风沙大，植绿十分不易。生长于这里的李凡，想让后代尝到生态提升带来的"甜"。近年来，在无数个"李凡"的默默付出下，同朔之地颜色越来越丰富。在生态扶贫、生态产业的反哺下，越来越多的人享受到了绿色的红利。

　　李凡是一个平凡的人，却又终其一生做着一件不平凡的事。采访中，老人的心事尚有未了，那就是应县绿色规划的落地实施。他说要站好最后一班岗，"有多大的本事，就干多大的事"。不管在人生

的哪个阶段，他的出发点和落脚点，都是为了心中
的那片绿……

乔　栋

赵铠：
69 年，致力于生物制品研究

　　娓娓道来、思维敏捷，谈及疫苗研发，年逾九旬的赵铠院士总是有说不完的话。与细菌和病毒做斗争，赵铠一直在努力。**他主持研发的疫苗，推动了天花被彻底消灭，风疹、乙肝等疾病得到控制。"我们的工作，就是要控制甚至消灭由细菌、病毒引发的疾病。"赵铠说。**

另辟蹊径研制细胞培养痘苗，并在全国推广应用

多年以后，赵铠还会时常想起他刚入职时的那个场景……

1954 年，24 岁的赵铠毕业于复旦大学生物系。刚分配到单位，赵铠就被领导叫了过去。"你在痘苗室工作，但学的是生物，需要补上传染病学这一课。"时任牛痘疫苗学习班班主任朱既明对他严肃地说。

在朱既明看来，赵铠需要先从实验室研究做起。赵铠接受的第一项任务，是做牛痘疫苗石炭酸除菌效果的实验。新中国成立之后，天花是我国消灭的第一个烈性传染病，最好的应对方法就是研发牛痘疫苗。

培育牛痘疫苗需要耗费很大的体力。"先用肥皂给牛洗澡，每头牛要清洗七八遍，剃毛之后，在手术台上实施种痘、护理和刮痘等操作。"赵铠回忆，整个过程暴露在空气中，不可避免地存在杂菌污染，导致接种时发生不良反应。无论是用石炭酸处理，还是用传统的乙醚消毒方法，都无法获得无菌的牛痘疫苗。

既然传统方法走不通，赵铠开始尝试另辟蹊径。"如果种牛痘疫苗不用牛，改用鸡胚，是否就能很好地解决无菌问题呢？"这个设想一提出，引起了不少质疑。赵铠顾不上这些质疑，一头扎进研究之中……

如何在鸡胚中制成人工气室，如何接种和收取绒毛尿

囊膜……看到赵铠遇到了困难，朱既明主动前来帮忙。在两人的共同努力下，鸡胚培养痘苗的实验之路由此打开。

"做事一定要坚持到底，才能有所收获。"经过几年的刻苦研究，赵铠不断进行技术改良，终于研制出细胞培养痘苗，免疫效果和牛痘疫苗相当。1969年，这项技术在全国推广应用。这项技术不仅使痘苗不含杂菌，还节约了农业畜力，间接地支持了农业生产。

以新方式制备风疹疫苗，填补相关领域空白

随着1977年世界卫生组织宣布最后一例天花被消灭，相关疫苗也不再生产了。赵铠开始主动为自己找新项目……

当时，风疹广泛传播，而我国风疹疫苗研究还是一片空白。虽然不知会遇到什么困难，但赵铠只有一个选择——正面迎接挑战。

在早期研究中，没有测定风疹病毒效价的兔肾传代细胞（RK13细胞）。翻阅大量参考资料后，赵铠突然想到：能不能用接种新城鸡瘟弱毒的干扰实验来测定风疹病毒？

有了新的研究思路，关键在于如何实现。疫苗研发时，曾采用原代兔胚细胞，后改用人二倍体细胞。赵铠采用低温减毒的方法确保毒株的安全性，又将二倍体细胞培养风疹病毒的实验温度由34摄氏度降为30摄氏度，终于获得风疹病毒减毒株BRD-2，临床研究证明该毒株免疫原性良好、反应原性低、无传播性。

研发的疫苗究竟有没有免疫效果？接着，赵铠带着团队开展疫苗临床试验……

为确保临床有效性，相关实验做了很多次，充分证明：以 BRD-2 减毒株制备的风疹疫苗安全有效。1990 年，冻干疫苗制成，经新药审评获得有 4 年保护期的新药证书。

"做科研经常会遇到很多未知的领域，需要有探索精神。如果只做简单的事情，就不会有大的科学突破。"回忆起那段时光，赵铠感慨地说。

带领团队推动我国疫苗生产升级换代，使乙肝疫苗纯度达 99% 以上

一份发黄的调查报告一直陪伴着赵铠，让他一次次不畏艰难，勇往直前……

时隔多年，报告上的文字已经分辨不清了，赵铠把重点内容誊抄下来。1980 年，6 位医卫界全国政协委员联合提交了"关于肝炎问题的调查报告"。当时，很多人呼吁推广接种疫苗，及早有效地控制乙型肝炎传播。

"六五"计划期间，血源乙肝疫苗研究被列为国家科技攻关重点项目。有关部门希望在 5 年内能够拿出成果，任务重、时间紧、压力大。这副重担交给了当时正在进行风疹疫苗研究的赵铠。

"有压力是好事，有压力才能更有动力。"赵铠说，他以高滴度乙肝表面抗原血浆为原料搞研发，做出了血源乙

肝疫苗。1985 年，该疫苗通过了国家鉴定和验收，获得新药证书。

"取得了成果，也不能有歇歇脚的想法。搞生物制品的人总是在不断否定自己。"赵铠笑言，他预见到血源乙肝疫苗只是一种过渡性疫苗，并非长远之计。为此，他创造性地提出"乙肝基因工程疫苗（痘苗表达）"的研究。

又经过几年攻关，重组痘苗乙肝疫苗研究获得成功，但又遇到了难以规模化生产、无法满足社会需求等问题。出路在哪里？赵铠放眼世界，建议引进国外重组酵母乙肝疫苗的工业化生产技术，并做好本土转化。

"引进先进技术，是在为我们自己争取时间，也是对我们生产能力的考验。"在赵铠和团队的推动下，我国疫苗生产实现了升级换代，乙肝疫苗纯度达到 99% 以上。近 20 年来，北京生物制品研究所累计生产了 2 亿多人份乙肝疫苗。

"要研发联合疫苗""不仅有预防性疫苗，还有治疗性疫苗"……采访接近尾声，赵铠谈兴仍浓："做了一辈子，我拼尽了全力，还要继续做下去。"

（原载《人民日报》2023 年 4 月 19 日）

 人物小传

赵铠：1930 年 12 月生，江苏苏州人，中国工程院院士、北京生物制品研究所原所长、研究员。69 年来，他致力于疫苗研发，先后成功主持研发新型天花疫苗、风疹减毒活疫苗、血源性乙肝疫苗，合作研发了重组痘苗病毒乙肝疫苗，后又成功引进重组酵母乙肝疫苗工业化生产技术，为我国预防和控制病毒性传染疾病做出重大贡献。

心怀家国　勇于探索

他不是医生，却总与传染病人打交道，几十年都在与传染性病毒做斗争……69年扎根疫苗研究一线，赵铠院士用实际行动，展现了一位科学家心怀家国、科研为民的担当。

从牛痘疫苗到鸡胚疫苗，从传代细胞到二倍体细胞，从血源疫苗到重组酵母疫苗，变的是不断进步的疫苗研究的技术，不变的是赵铠迎难而上的拼搏精神。赵铠和团队的努力，为我国消灭天花病毒、有效控制风疹病毒和乙肝病毒做出了积极贡献，在不断与病毒的顽强斗争中，展现出不畏艰难、勇于创新的科研精神。

赵铠院士说："探索无尽期，求是在恒心。"这是他一生的写照，也是科学研究该有的追求。相信会有更多像赵铠一样的科技工作者，怀着"心有大我、至诚报国"的爱国情怀，努力让科学家精神光耀时代，用一项项创新成果造福更多人。

刘涓溪

马德静：
故园里，最是书香润芳华

　　褪色的木窗框，古朴的书架。一双颤颤巍巍的手从整齐有序的书籍中取出一本，轻轻打开书页，老人脸上露出幸福的笑容。

　　老人名叫马德静，是云南腾冲腾越街道下绮罗社区绮罗图书馆年纪最大的志愿者。建馆上百年，藏书数万册，在云南腾冲，有这样一个乡村图书馆。薪火传承，绮罗图书馆一直保留着吸纳退休人员提供志愿服务的传统。

　　购买图书、整理分类、管理古籍、登记借阅……今年91岁的马德静，已经为图书馆义务服务了35年。"我有两个家，一个是住了60年的老房子，另一个就是这里。"马德静说。

"一定要有图书馆等公共文化设施，能让人们多读书"

与图书馆结缘，可以追溯到马德静的儿童时期。

1931年12月，马德静出生于云南腾冲的一个书香门第。父亲马寿山，就是绮罗图书馆的创建人之一。1919年，新文化运动如火如荼，火种播撒到云南腾冲。在当地一些新文化运动先锋和社会人士的倡建下，绮罗图书馆诞生了。

踩在木地板上，发出吱呀吱呀的声音，翻阅一本本最新的书籍报刊，儿时在图书馆的快乐时光一直印刻在马德静的回忆里。"那时候，图书馆就有了脚踏风琴、油印机、动植物标本等，都可以供读者参观和使用。"马德静说，"社会要发展，就一定要有图书馆等公共文化设施，能让人们多读书。"

1951年，马德静来到云南边远农村，辗转多地任教。有的学生学习跟不上，马德静就在放学后帮他们补课；有的学生读不起书，马德静就自掏腰包，给他们买书和学习用品。

1987年，马德静从教师岗位上退休，但她没有选择在家休息，而是主动报名到绮罗图书馆当起了志愿者。彼时的绮罗图书馆，已不能容纳日益增多的藏书，也无法满足村民的阅读需求，建设新馆迫在眉睫。

为了筹措资金，马德静四处奔走，牵头印制了500多封信，寄给相关部门和关心家乡事业的人士。不久以后，捐款、书籍从四面八方汇集而来，图书馆新楼建设得以迅速启动。

建设期间，马德静不怕苦不怕累，严格把关工程质量，"直到新馆建成那一天，我的心里才松了一口气"。

有钱的出钱，有力的出力，有书的捐书……村民们争先恐后，不计回报。如今，图书馆外的一块石碑上刻着重建图书馆的捐资明细。"有一位卖菜的老奶奶，那天早上挑着一担子菜，卖了8角8分钱，最后全部捐给了图书馆。"马德静回忆说，"把这些都记录下来，就是为了告诉后人，绮罗的乡亲们对读书有多么重视！"

"我要为家乡多做贡献，为家乡的文化事业做一点事"

图书馆内，有一面照片墙颇为引人注目，上面是为图书馆的建立、重建、管理做出过重要贡献的前辈和社会人士。马德静经常饱含深情地看着这些照片，因为它们是图书馆多年来发展的见证。

绮罗图书馆现有藏书3万余册，每年接待读者6000余人次。从1919年成立以来，就一直保留着由志愿者进行管理的传统。据统计，从1990年新馆建成以来，先后有70多位退休老人参与了图书馆志愿服务工作，而马德静已经在图书馆默默奉献了35年。

不论晴雨寒暑，每天早上，马德静总是第一个到达图书馆，把图书整理好，把阅读室打扫干净，就连院中的花花草草都被马德静照顾得充满生机。村民们都说，绮罗图书馆之所以有这么好的阅读环境，跟马德静的辛苦付出是分不开的。

30多年来，马德静先后担任了三任副馆长兼出纳，承担了图书馆的购书、整理、编号、上架等工作。马德静刚到图书馆时，馆里的图书目录管理比较混乱，村民们想借一本书，光是找书就要花上很长时间。

为了让图书管理更规范，马德静专门跑到县图书馆学习。分类管理、粘贴标签……马德静掌握图书管理方法后，马上回到绮罗图书馆进行分类整理工作。明晰的分类标注，工整的标签誊写，图书经重新整理上架后，图书馆面貌焕然一新，村民和学生们借书方便多了。

图书馆中有不少珍贵古籍，马德静经常检查、晾晒，小心翼翼地呵护每一本来自过去的馈赠。

在马德静的动员下，她的丈夫段德也来到图书馆当起了志愿者，一起提供志愿服务，一起捐资助学。对于夫妻俩的付出，村民们赞不绝口。不仅如此，在马德静的带动下，不少人都加入了图书馆志愿服务团队。"在我有生之年，我要为家乡多做贡献，为家乡的文化事业做一点事。"马德静说。

"我最大的心愿就是让更多的人走进图书馆，静静地、认真地读上一本书"

"你看这本作文书，教人写人写事写物，你们要跟着学，争取把文章写得更清楚、更好……"走进图书馆，马德静正认真地给孩子们讲解书籍。村里的孩子们都知道，绮罗图书馆里，有个头发花白的老奶奶，字写得很好看，笑起来和蔼可亲。

每次遇到学生来借书，马德静在借阅登记后，总会给孩子们传授一些读书的"小秘诀"。"推荐合适的书籍给孩子们，让他们多读书读好书，在书籍的海洋中快乐成长，做一个对社会有用的人。"马德静喜欢跟孩子们在一起，喜欢琅琅的读书声、开心的欢笑声。桃李满天下的她，最大的学生已有70多岁，而如今来图书馆看书的年龄最小的孩子，才刚上小学一年级。

"造福乡邦"。在图书馆门口，一块牌匾上刻着苍劲有力的四个大字。一个小小的乡村图书馆，能传承百年，可能原因就在于此。

"过去在农村，人们买书难、借书难、看书难，但在绮罗，村民们可以接触、阅读到各类图书报刊。"马德静深深地感受到了阅读的力量，这也让她找到了人生方向，并把这样的信念传递给更多人。

以前，村民李宗一直想搞种植业，在电脑、手机还没有普及的年代，很难学到种植技术。绮罗图书馆中的一本《樱桃种植技术与管理》成为"及时雨"。樱桃如何选种，何时种植，生长习性如何，从最开始的试验到后面连片的樱桃林，绮罗图书馆的这本书给了李宗很大的帮助。

现在，以绮罗图书馆为依托，当地成立了下绮罗社区启智老年服务队，以马德静名字命名的志愿者工作室成为新时代文明实践点。每到节假日，图书馆就会开展形式多样的文化活动，为社区居民搭建阅读学习平台。"我最大的心愿就是让更多的人走进图书馆，静静地、认真地读上一本书。"马德静说。

（原载《人民日报》2022年7月21日）

人物小传

马德静：1931年出生，云南腾冲腾越街道下绮罗社区绮罗图书馆志愿者。1951年至1987年，马德静辗转云南多个边远山区任教。1987年退休后，主动报名到绮罗图书馆当志愿者。她筹集资金重建新馆，承担了图书馆的购书、整理、编号、上架、借阅等工作，30多年义务值守。2015年11月，绮罗图书馆被中国图书馆年会组委会评为"全国最美基层图书馆"。

传递绵绵不绝的文化力量

初到下绮罗，让人惊叹，小乡村里居然有一个历史悠久、藏书丰富的图书馆。历经百年，村庄几度变迁，这座乡村图书馆依然屹立，代代不息。

这与当地村民对文化知识的重视密不可分。为了建设图书馆新馆，有钱的出钱，有力的出力。图书馆门前的石碑上，记录着捐资修建的人，有爱心捐赠10万元的爱国华侨，也有点滴付出几毛几元的村民。无分老幼，村民们一代又一代地接力守护着图书馆，不要任何报酬。在图书馆的志愿者名录中，有夫妻、有父子、有兄妹。绮罗图书馆能够延续至今，仍旧发挥着教化乡梓的作用，与他们的付出密不可分。

从诞生之初，绮罗图书馆就成了当地百姓接受新思想、汲取新知识的重要场所，如今更成为村民们重要的文化家园。让书香延续下去，就是马德静的愿望与使命，更传递着绵绵不绝的文化力量。

李茂颖

赵瑜:
与农民为友，与麦田为伴

　　草帽下，黝黑的脸庞上满是深深的皱纹，两只眼睛十分明亮，一双被麦芒划过无数次的手轻抚着试验田里的麦苗……如今已87岁的赵瑜，依然日复一日地照料着他培育的小麦新品种。60多年来，他先后培育出9个小麦品种。这些品种遍及黄淮麦区，累计推广8000多万亩，助农增收50多亿元。

"我下定决心，要一生扎根在这里"

初春的阳光温暖和煦，在杨凌职业技术学院位于陕西省扶风县的豆村农场，大片麦地泛着鲜亮的绿色。正值小麦返青拔节期，赵瑜拿着小麦育种试验记录本，带着几名科研人员走在麦地里，一行一行，查看麦苗生长情况。

"小麦在不同生长期都要记录其发育情况。像这株匍匐的幼苗抗寒性就强，那株直立的幼苗抗寒性就差。"赵瑜一边观察着麦苗生长情况，一边对科研人员说。

山区农村出生的赵瑜，从小就体验过农民的艰辛，因此，学好知识投身农业的想法在他幼时的心灵扎下了根。

赵瑜说："儿时的记忆，是我后来从事农业科研的原动力。"1955年高中毕业时，尽管高考成绩达到了清华、北大的录取分数线，但他却毅然报考了北京农业大学（今中国农业大学），立志学农。

"我始终忘不了恩师、小麦育种专家蔡旭院士说的'搞育种离不开土地和农民'这句话。"赵瑜说，1959年，他本来可以选择留校任教，在北京搞科研，但他真正想去的是田地里，于是主动申请到陕西省武功农业学校（今杨凌职业技术学院）工作，专心研究小麦育种。

1965年，扶风县豆村农场被划为学校教学试验用地，赵瑜赶紧带着学生奔赴农场，准备开始小麦育种。去了才发现，除了大片的黄土地，只有几间简陋的土坯房和草棚。

条件太过艰苦，有很多师生都先后离开了农场，只有赵瑜始终坚持，"这片土地位于关中平原西部腹地，地势平坦，土质良好，正是耕种、试验的好地方。我下定决心，要一生扎根在这里。"

"保住试验田就保住了种子"

刚调到陕西省武功农业学校时，赵瑜发现，学校还不具备育种条件。1961年，他用教研组的一小片农作物标本地和育种实验室里简单的仪器设备，从零起步开始小麦育种工作。当年农作物标本地里只种了一些当地的小麦品种，他循着抗寒、抗病、耐旱、耐瘠、适应性广等育种目标，做了9个杂交组合，采用系谱法选育。

"那时他宿舍床底下、桌子上，纸箱里装的、墙上挂的，不是种子袋就是还没脱粒的麦穗。"讲起那段岁月，学校退休教师、原豆村农场场长郭玉巍记忆犹新：不论是麦苗的拔节期、抽穗期，还是扬花期、结实期，赵瑜每天都精心管护试验地里的每一个品种；即便有时外出，赵瑜一回来就会冲进试验地，查看麦苗长势；遇到雨天，打伞不便，他就戴着草帽披上塑料布，猫在田里工作。

功夫不负有心人。1969年，几个稳定品系育成；1970年，赵瑜选出最优系，定名为"武农132"，并在农场大面积推广。

然而就在这时，农场被划给了别的单位。赵瑜选育的育种苗都在农场试验田，如果保不住，10年心血就白费了。

赵瑜心急如焚，四处奔走协商。最终，对方同意60亩育种试验田由赵瑜收割，其他小麦由其他单位收割。

"保住试验田就保住了种子！"多年后提及此事，赵瑜依然兴奋不已。

寒来暑往几十年，身边的同事换了一拨又一拨，只有赵瑜一直在那里。"武农132""武农99""武农113""武农148"相继培育成功。

这些优良小麦品种一进入市场，就广受农民欢迎。陕西省武功县凉马村农民李岁定是赵瑜的"忠实粉丝"，凡是赵瑜培育出的品种，他都要种。"自从种了武农系列小麦品种，我的收入一年比一年好，现在我们村大部分种的都是武农系列小麦品种。"李岁定说。

"'交接棒'传得稳，未来的饭碗才端得稳"

1996年，到了退休年龄，赵瑜仍然一门心思扑在育种工作上。

退休后的25年间，他又交出了一份优异的成绩单——5个小麦品种通过审定："武农986"越冬性好，田间综合抗病性好，穗大粒多，2009年通过陕西省审定；"武农6号"矮秆抗倒、早熟、多抗、广适，2019年通过陕西省审定；"武农66"早熟、抗病、优质、高产，2021年通过陕西省审定；"武农981""武农988"属大穗大粒优质高产品种，2021年6月通过国家审定后，划定推广区域为黄淮南片适应地区……

为了改善赵瑜的工作生活条件，2012 年，当地为其修建了一个院子，并购置了一些现代化设备，打了机井，给试验田安装了水肥一体化喷灌系统。赵瑜给这个院子取名"麦香苑"。

"'交接棒'传得稳，未来的饭碗才端得稳。"赵瑜经常对身边的师生讲。潜心研究的同时，他还特别关注学生的成才、后辈的成长。对每年到农场进行实践教学的师生，他无论多忙多累都要精心指导，带他们到试验田里查看小麦长势。

杨凌职业技术学院校长王周锁说："为把小麦育种事业传承下去，2021 年，学校专门成立了赵瑜旱区作物（小麦）育种工程中心，组建了以博士生、科研骨干教师为主的育种团队，从各方面给予大力支持。"

深耕科研的时光，赵瑜毫无保留地向后辈们传授自己多年积累的经验；投身麦田的岁月，赵瑜时刻坚持自己的追求。"扎根黄土地的 60 多年里，赵瑜始终不忘'育种报国'，与农民为友，与麦田为伴，用平凡的坚守与执着，不断取得新的突破。"杨凌职业技术学院原党委书记陈宁说。

（原载《人民日报》2022 年 3 月 23 日）

人 物 小 传

赵瑜：1935 年生于甘肃永登。1959 年毕业于北京农业大学（今中国农业大学），著名小麦育种专家、杨凌职业技术学院研究员。怀揣"育种报国"的梦想，60 多年潜心小麦育种，探索出了"少投入高命中率"小麦育种方法，先后培育出 9 个小麦品种。这些品种遍及黄淮麦区，累计推广 8000 多万亩，帮助农民实现增收 50 多亿元。

做一粒"育种报国"的种子

"小时候，我就立志将来要让乡亲们吃上饱饭。"麦苗青青，年轻的赵瑜选择了扎根最爱的大地和农业。一直在为小麦育种而奋斗的赵瑜总说自己"就是农民"，只有把自己当成农民，才会真正爱上麦子，爱上土地。

60多年潜心小麦育种，他经历过艰苦，坐得住"冷板凳"，最终探索出"少投入高命中率"的小麦育种方法，培育了众多优良高产小麦品种，用一项项研究成果实现了当初的理想。麦穗沉沉，他将"育种报国"的梦想写在了大地上。

在教书育人方面，赵瑜也像一粒种子，牢牢扎根农业科研事业，把执着探索的精神深深地种进了青年学子心间，培养出更多小麦育种人才。

龚仕建

陈文学：
把温暖带给更多人

　　3月的内蒙古包头，春风和煦、万物复苏，位于青山区先锋道街道北嘉社区的"陈文学红色志愿服务工作室"，迎来了一批又一批的参观者。这里陈列展览着陈文学收集的各类学习雷锋同志的书籍、剪报和图片等。

　　年近鲐背之年，陈文学老人仍然精神饱满、目光有神。为参观者讲述如何学习传承雷锋精神时，陈文学老人中气十足、条理清晰。

　　"学雷锋不是喊口号，关键在于行动！"陈文学用他60年的点滴善行，生动诠释了这句话。

无论是谁，无论认识与否，只要听说有困难，他都会竭尽所能去帮助

陈文学 1935 年出生于黑龙江省肇源县的一个小山村。新中国成立后，他光荣入伍，并于 1954 年来到南京工作。在那里，他带领 30 多名青年成立了"陈文学突击队"，因为表现突出，1956 年，他加入了中国共产党。

"那时工厂号召年轻人支援边疆建设，我作为共产党员，更要到最艰苦的地方去，到祖国最需要的地方去，所以我第一个报了名。"21 岁的陈文学从江南水乡来到祖国北疆，支援内蒙古第二机械制造厂建设。"条件很艰苦，我们吃住在车间，昼夜奋战，圆满完成了各项任务。"陈文学说。

从 1963 年开始，陈文学在日常工作中，以雷锋为榜样，无私奉献、乐于助人，无论是谁，无论认识与否，只要听说有困难，他都会竭尽所能去帮助。

陈文学曾在后勤部门工作，职工们有什么实际困难，他都想方设法帮助解决。一名炊事员和儿子儿媳两代人挤在一间狭小的平房里居住，空间十分紧张。陈文学跑上跑下，向单位申请，终于帮这名炊事员分到了一个包含里外间的平房，让这一家人的居住条件得到了改善。

还有一次，陈文学得知单位有名需要常年服药治疗的工人，但药物紧缺，在包头当地买不到，他便利用到上海出差的机会，跑遍了各大药房，为这名工友买到了紧缺

药品。

由于一次意外工伤，陈文学右腿髌骨粉碎性骨折，现在走路仍然一瘸一拐，即便如此，也没能阻止陈文学帮助他人的脚步。

"那时候大家工资都不算高，但他总是把涨工资的机会让给其他同事。我们家除了留下必要生活开支，大部分工资都拿去帮助别人了，起初我不太理解，甚至还听到有人嘲笑他。"陈文学的妻子李桂英说。

每逢年节，家里都会有陌生人来拜访陈文学，一开始李桂英还很纳闷。后来通过聊天她才知道，这些人都是陈文学曾经帮助过的人。这些陌生人的肺腑之言，让李桂英对老伴多年来坚持做好事有了更深的理解。

"全家人都积极支持我，而且是全家一起做好事。虽然我没有给孩子们留下太多物质财富，但给他们留下了一笔精神财富。"陈文学说。

虽然工资不高，但几十年来已捐款近 30 万元，退休后累计帮助上百人

对陈文学来说，退休以后，他有了更多时间去做好事。

"我退休金不高，但好钢要用在刀刃上，钱更要用在关键处。"陈文学所说的"关键处"，就是帮助有困难的人。从身患重病的人，到身残志坚的人；从家庭困难的学生，到年近百岁的独居老人……这些年，陈文学尽己所能地帮助

他所知道的有困难的人。

12 年前，陈文学得知一名重度烧伤的女孩因为缺少治疗费用，缺乏对生活的信心，他立刻为女孩送去 500 元钱和一本《雷锋日记》，鼓励她重新振作起来。他还四处奔走，前后组织三次募捐活动，最终筹集善款 100 多万元帮助女孩治病。直到现在，陈文学还常和爱心团队一起去看望她。

"碰到这件事捐几百，遇到那件事捐几千，这些年他几乎把家里买房子的钱都捐出去了。"李桂英说，粗略统计下来，几十年来陈文学捐款近 30 万元。

陈文学还时常帮助一些独居老人，其中年纪最大的是109 岁的张大四老人。"他常常会和协会的志愿者们一起去看望这些独居老人，帮他们做家务，陪他们聊天，送些生活用品。"包头市爱心公益协会志愿者陈涛告诉记者。

社区里有一位独居老人，老伴已经去世，子女也不在身边，常常将捡回来的杂物随意堆放在门前屋檐下，邻居们意见很大，居委会工作人员多次协调无果。

老人的老伴生前曾和陈文学是同事，陈文学经常帮她买米买面，与老人结下了深厚的情谊。陈文学耐心地跟她讲堆放杂物的危险性，并提出每月自掏腰包给老人 150 元钱，就当他收购这些杂物了。老人听从了陈文学的建议，答应处理这些杂物，并保证以后再也不捡了。陈文学还雇了一辆三轮车，帮忙拉了七八趟，终于将杂物全部清走。

据统计，退休至今，陈文学先后帮助过 88 位病人、8名困难学生、8 位 90 岁以上独居老人，参加各类捐赠活动数百次。"以前有人说我'傻'，我不怕别人说，就是这股'傻'劲儿让我能坚持 60 年帮助别人。"陈文学坚定地说。

宣传雷锋事迹，创办工作室，传播正能量，带动更多人参与志愿服务

如今，陈文学除了帮助各类困难群体，还把更多精力放在了宣传、传承雷锋精神上。多年来，他义务向社会各界宣传雷锋精神，受益人数达 20 余万人次。

"我觉得，学雷锋必须要从娃娃抓起。"陈文学承担了青山区先锋道街道关工委和北重集团关工委的相关工作，并被 45 所学校聘为校外辅导员。他还为孩子们争取了很多接受革命传统教育的机会，为学校捐献了《雷锋日记》《钢铁是怎样炼成的》等 400 余册书籍。

"每逢 3 月，我都会去各个学校宣传雷锋事迹，通过主题座谈会、经验交流会等活动，以讲故事的形式，教育孩子们做雷锋式的好少年。"陈文学说，为了能讲好故事、与时俱进，他坚持每天读书看报、收听广播，丰富自己的知识储备。

陈文学买了辆三轮车，制作了 150 多块雷锋事迹展板，购买了宣传画等 40 多种展示材料。"每年的学雷锋纪念日、国庆节，我都会带着展板到校园、工厂、社区等地点宣传雷锋事迹。"这些年来，陈文学累计组织展出 400 多次，行程万里，吸引数万人参观。

他每年定期组织孩子们到敬老院和福利机构开展志愿服务，让雷锋精神如涓涓细流般滋润孩子们的心灵，培养他们助人为乐的品格。在他的影响和带动下，北重集团培训中心成立了一支近百人的"青山义工队"，经常利用节假日到社区提供志愿服务。

2016年，先锋道街道在北嘉社区为陈文学办起了"陈文学红色志愿服务工作室"。陈文学将几十年来收集的有关雷锋的几千册书籍、报刊、图片等资料捐献出来，进行陈列展览。工作室逐渐扩建为两层、300平方米。据统计，工作室自成立以来，已接待团体2000多个、5万余人次，成为包头市的志愿服务品牌。

陈文学还在先锋道街道的帮助下，成立了先锋区域学雷锋志愿者联盟，将48支志愿者队伍组织起来，搭建成一个以多种形式传递正能量的平台。

"我小时候吃过苦，在党的培养教育下成长起来，这让我无比珍惜今天的幸福生活。"聊起自己做好事的初衷，陈文学说，"我就是想通过做一些力所能及的事来报答党和人民的培养，尽可能去帮助更多人，把温暖带给更多人，让雷锋精神一代代传下去！"

（原载《人民日报》2023年3月22日）

陈文学：1935 年出生于黑龙江省肇源县，1956 年加入中国共产党，北重集团（原内蒙古第二机械制造厂）退休干部。他坚持学雷锋做好事 60 年，几十年来累计捐款近 30 万元。退休后创办"陈文学红色志愿服务工作室"，组织志愿者帮助贫困学生、独居老人等困难群体。曾获"全国离退休干部先进个人""全国岗位学雷锋标兵"等荣誉。

让雷锋精神代代相传

人贵有恒。陈文学把做好事视为共产党员的分内事，60年的坚持，让他在平凡中创造了不平凡，正如涓涓细流汇聚成大江大河。

陈文学曾被人误解过，但他始终坚定不移，做了一辈子好事，帮助了很多有困难的人，展现了难能可贵的奉献精神和数十年如一日的执着与坚持。

雷锋精神，人人可学；奉献爱心，处处可为。如今，在陈文学的影响带动下，当地越来越多的人参与到学雷锋做好事的行动中来。无论时代如何变迁，雷锋精神代代相传。虽已近鲐背之年，但学雷锋之路仍在陈文学脚下不断向前延伸。

李茂颖

周超凡:
传承中医，要干就干一辈子

　　通过网络直播平台开讲座、招收新的学生继续做研究……今年 86 岁的周超凡，虽然已退休多年，但仍把大量精力倾注在中医药学术的研究和传承上。他说："人的一生很短，有时候一辈子做一件事也很难完成。我这一代人没有完成，希望后起之秀继续努力，勇于超越。"

"研究中医是父亲的毕生心愿，我想传承下去"

周超凡出生在一个传承五代的中医家庭，与中医的缘分与生俱来。父亲最大的愿望，就是希望周超凡可以把中医事业传承下去。虽然周超凡的高中班主任老师建议他攻读理工科，但周超凡还是选择了中医。他把《中国青年》杂志上4家中医院校成立的消息和鼓励青年投身中医药事业的文章拿给老师看，他说："研究中医是父亲的毕生心愿，我想传承下去。"

1963年，周超凡从上海中医学院毕业，被分配到中医研究院（现中国中医科学院）中药研究所工作，全身心投入中药科研工作之中。在实验室工作了两三年后，周超凡陷入了困惑：有些实验研究结果与临床经验存在很大差距。带着困惑，他来到广安门医院。经过3年的临床工作，再回到科研岗位的他，深刻地认识到了临床和实验相结合的重要性。

后来，周超凡又不断到各地为群众看病，积累了丰富的诊疗经验。在江西德兴，周超凡在为当地农民治感冒时，发现那里蕴藏着丰富的中药资源。于是，他开始收集中药标本。离开江西时，周超凡收集了100多种中药标本。

周超凡说："这段丰富的基层诊疗经历不仅开阔了我的视野，也巩固了我对中医理论的认知，让我对中医事业有了更深入的理解。"

"必须与现代研究成果相结合，才能打开思路"

下过乡、采过药、做过中药标本，周超凡非常适合参与国家药典的编辑工作。1978 年，经过 4 年多的努力，周超凡参编的《全国中草药汇编》荣获全国科学大会集体成果奖。

连续 30 年，周超凡先后参与了 6 个版次的《中国药典》编写和修订工作，他的很多修订意见最终被采纳。

在临床上，周超凡非常注重运用现代研究成果。20 世纪 80 年代开始，他就尝试将中医传统治法与现代研究成果相结合，思路开阔了，也做出了更多突破和创新。

"对于中药药理而言，成分分析固然重要，但必须与现代研究成果相结合，才能打开思路。"周超凡说，"譬如甘草，自古就有'十方九甘草'的说法，甘草中含有 70 多种化学成分，在不同的方子、配伍、用量下，就会发挥不同药效，或补、或和、或缓，甚至还有解毒的功效，用途甚广。如果撇开临床，单纯分析成分，就背离了传统中医理论。"

"中医理论的创新与突破，就是治疗观念的转变"

"'治则'是治病的关键所在，中医从医者必须认真学习，熟练掌握。中医理论的创新与突破，就是治疗观念的转变，即'治则'的转变。"周超凡说，"'治则'是通用的，药物知识也是通用的，需要结合各自的临床实践活学活用。"

　　1985年，他调到中医研究院基础理论研究所工作，专门从事医理研究。此后6年间，他几乎全年无休，全身心扑在中医基础理论研究上。"那6年里，我把有文字记载以来的历代医书，都翻阅了一遍。"他说，"遴选是个艰苦的过程！我从中挑选出300多部有价值的书籍，都是一些有关'治则'的不错的书籍。"

　　"光靠上班时间是不够的，我晚上和节假日都去加班。因为是下班时间，电梯都关了，我只能爬楼梯上下楼。"周超凡说。令人欣慰的是，他有关"治则"研究的著作，很受欢迎，目前已经加印了5次。

　　在这个领域，周超凡深耕了几十年。通过对"治则"治法理论的整理与系统研究，他发表了10余篇高水平的学术论文，出版了《历代中医治则精华》《中医治则学》等4部中医专著，初步完成了中医治则治法体系的框架构建，开辟了一条实验、理论与临床相结合的研究路径。

　　周超凡退休后，仍然心系中医，先后开设了28次专题讲座。他还将诗歌修辞与中医药文化相结合，主编的科普图书《精彩诗图话中药》《精彩诗图话方剂》相继问世。日前，第二届全国名中医名单公示，凭着多年来在中医药领域的潜心钻研，周超凡入选公示名单。回望60多年的从医路，周超凡说："传承中医，要干就干一辈子，关键是要坚持探索与研究中医临床和实验相结合的道路。"

　　　　　　　　　　（原载《人民日报》2022年2月21日）

人物小传

周超凡：1936 年出生于浙江平阳，中国中医科学院专家委员会委员，从事中医药研究逾 60 年，主编《中医治则学》等 19 部中医著作；曾作为药理临床组长参编《全国中草药汇编》，这一著作 1978 年荣获全国科学大会集体成果奖；2012 年获得"中国药典发展卓越成就奖"。

钻研医理　造福患者

从事中医药研究逾六十载，用精湛的医术造福众多患者；深耕中医治则治法几十年，探索了实验、理论与临床相结合的研究路径；退休后也不曾懈怠，依旧忙碌在中医科普第一线……几十年来，周超凡全身心投入中医药事业之中，取得了丰硕的成绩，并乐于将自己的所知所学分享给更多人。支撑他不断前行的动力，是对中医药事业的无限热爱。

"老牛亦解韶光贵，不待扬鞭自奋蹄。"如今，耄耋之年的周超凡用这句话勉励着自己，也用实际行动不断践行。科研、医疗、讲座……周超凡的日程规划得井井有条、安排得满满当当，对于自己认准的事业，他仍在矢志不渝地坚持着，这值得我们学习。

吴　凯

齐吉祥:
我想让更多人感受文化的魅力

　　每天早晨 7 点起床,晚上 11 点半休息。年过八旬的中国国家博物馆第一代讲解员、终身研究馆员齐吉祥,至今也毫不懈怠……

　　书房里,他正埋头沉浸在《一词一世界》的创作中。老伴问他:"你什么时候写到头?"他笑答:"小车不倒只管推!"

　　距离齐吉祥开始在中国历史博物馆(2003 年与中国革命博物馆合并为中国国家博物馆)工作,已过去 60 多年,当年的一幕幕,依旧清晰地在他的脑海里闪现……

"我遇见过不少大专家，
他们的风范深深地影响着我"

交谈中，齐吉祥语速不疾不徐，"上学时，每逢新年晚会我都登台朗诵，还经常主持升旗仪式。"齐吉祥说，可能正是这个特长改变了他一生的轨迹。

齐吉祥幼年家境贫寒，但学习格外专心。在北京市第十一中学就读时，作文是他的强项，数学、物理也很拔尖。

一天吃午饭时，同学们还兴致勃勃地聊着各自报考的学校；午饭过后，班主任突然通知齐吉祥和3名同学去参观一个党史陈列展。

李大钊牺牲时的绞刑架、朱德南昌起义时使用的手枪、刘胡兰就义时的画像……展览大多是实物，加上寥寥说明，同学们匆忙看过，没留下深刻印象。

"给你一个当讲解员的机会，以后给全国观众讲，怎么样？"参观回校，校长微笑着问。

"试试吧！"短短几秒钟，19岁的齐吉祥做出了影响一生的决定。

原来，为了筹建中国历史博物馆和中国革命博物馆，40名应届大学毕业生和60名普通高中毕业生将成为第一代讲解员。

当时，中国历史博物馆还没完工，齐吉祥在故宫雁翅楼办公。一天，一位身形瘦削、戴着厚底眼镜的陌生人推开门，操着浓重湘西口音说："我是沈从文，带你们到故宫去看看！"

先后3次，沈从文领着明清组的4名新讲解员在故宫里边看边讲解，耐心回答他们的各种问题。起初齐吉祥并不知道他的身份，只是感觉这位穿着朴素的长者见识很广，瓷器、丝织品、书画等知识张口就来。后来，齐吉祥经常骑车到东堂子胡同，把自己的新作拿给沈从文看。他总是停下手头工作，用毛笔仔细修改，一手小楷工工整整。

"我遇见过不少大专家，他们的风范深深地影响着我。"在一次讲解中，齐吉祥结识了著名桥梁专家茅以升，便向他请教赵州桥的知识；没想到，茅以升热情地把住址告诉他，嘱咐他去家中取资料。随后几年中，齐吉祥10多次登门求教，那些资料完好保存至今……

"要当好讲解员，首先就得尊重观众"

"每天一开馆观众就涌了进来，平均一天要讲解三四场"，尽管讲解员并不是热门岗位，齐吉祥却干得格外起劲，"1万多字的讲稿，背得滚瓜烂熟"。

可背着背着，眼见观众越来越少。有时观众问一些讲稿上没有的问题，他只能尴尬地摇头："不知道！"

讲解怎么才能吸引人？原中国历史博物馆群工部的30多人特意来到北京市百货大楼，向全国劳模张秉贵取经。"要根据顾客的需要推荐糖果，譬如送老人的糖果不能黏牙，

ew444

喜糖花色要漂亮……"张秉贵颇有心得。

听到这里，齐吉祥恍然大悟：讲解不能千篇一律，要针对不同观众进行个性化讲解！

讲解要生动，讲解员肚里得"有货"。"他总是抓紧时间去学习"，在女儿王薇的记忆里，半夜醒来，经常看见齐吉祥在台灯下看书、写文章；他是王府井新华书店的常客，跟许多店员成了朋友；每隔一两天他就去图书馆，看见有用的知识赶紧抄下来；上下班需要步行40多分钟，他就在裤兜里塞上小卡片，边走边背……

日积月累，齐吉祥家中俨然成了一个文史资料库：靠墙几排小抽屉里，一张张小卡片整齐排列，贴着汉唐史、明清史等标签；10个大书柜，3000多册藏书，根据文学、历史、传记、少儿等分类摆放；一摞摞剪报，按照人物故事、小知识、节俗、北京等主题分类；一沓沓泛黄的纸张上，记录着为不同团体讲解制订的计划……

齐吉祥与观众的故事还有很多。有一回，几十位沈阳来的历史老师约他第二天讲解，可是当天他另有接待任务……"可不能让他们白跑一趟"，下班后，他从阜成门的家中骑车赶往西直门，一家一家旅馆打听，花了一个多小时才找到这些老师，改约了时间。老师们既意外又感动，齐吉祥说："我想让更多人感受文化的魅力。要当好讲解员，首先就得尊重观众。"

"能给观众面对面讲解文物，这是我最大的享受"

"小朋友们，这个青铜器大不大呀？三五个小朋友手拉手围不住它，几个同学加起来还不如它重！"齐吉祥弯下腰，目光平视，面带微笑，娓娓而谈，周围一群小朋友听得入了神！

齐吉祥对小观众格外用心，这源于他30多年前的一次经历。在一次唐代文物展上，一名小男孩跟随爸爸边走边看。起初，孩子饶有兴味地问这问那，爸爸回答不上来；转头看边上的说明，也只有简单介绍。"展览真没意思"，不一会儿，父子俩嘀咕着扫兴而去。

受这一幕触动，齐吉祥尝试用孩子易于接受的方式，去讲述文物背后的故事。他从一杯茶入手，讲瓷器、茶叶等的缘起，让孩子们感受中华文明的博大；永乐大钟内外铸有经文20多万字，无一差错，他告诉孩子们这不仅仅是技法高超，更是一种精神的象征……

"怎么讲观众才能听得懂、喜欢听、记得住？"齐吉祥不断摸索，形成了因人施讲的独特风格，如今已成为博物馆界的共识。随着在业内声望越来越高，齐吉祥先后有3次当馆长的机会。"能不能不去？"他找到领导表明心愿，"能给观众面对面讲解文物，这是我最大的享受。"

多年来，齐吉祥几乎给全国所有省份的讲解员都上过培训课。在他的悉心指导下，北京自然博物馆的讲解员高源先后获得北京市十佳讲解员、全国科普讲解大赛一等奖等荣誉。欣喜之余，齐吉祥嘱咐他："一定要坚守岗位，继续讲下去！"

"学犹掘井"，这是 20 世纪 70 年代，齐吉祥特意请一位书法家题写的座右铭，一直挂在客厅醒目处，借此提醒自己要不断学习、不断精进。齐吉祥做到了！历时 3 年，他写就《这个历史太有趣》一书。全书共 8 册，从古人吃饭、穿衣、休息等具体的生活场景入手，带小读者走进五千年的中华文明；齐吉祥在抖音上开设"齐爷爷说历史"专栏，发布短视频，生动有趣的讲解吸引了大量粉丝……

（原载《人民日报》2021 年 11 月 18 日）

人物小传

齐吉祥：1940 年出生于北京，中国国家博物馆第一代讲解员、终身研究馆员，享受国务院特殊津贴；原中国历史博物馆群工部主任、中国博物馆协会社会教育委员会主任、北京博物馆学会社会教育委员会主任，著有《中华文物大观》《中华文明之光》《走进博物馆丛书——中国历史博物馆》《国宝的故事》等，参与编著《中华文明史》《中华文化史图鉴》，曾主编《中国历代珍宝鉴赏辞典》、七年级《中国历史》教科书等。

动真情　下苦功

一名讲解员，何以成长为知名的文史专家？我们在齐吉祥六十余载执着坚守、孜孜以求中，找到了答案。

是他，始终把尊重放在首位，真诚地对待每一位观众，用一场场高水平的讲解赢得公众的喜爱；是他，虚心求教，勤于钻研，不断提升自我，在服务观众的同时，成就了一番事业。

"没有小岗位，只有小人物"，谈起一辈子的讲解工作，齐吉祥神采飞扬，周身洋溢着热情……诚然，像他一样，万千劳动者只要脚踏实地做好本职工作，就能在平凡的岗位上做出不平凡的成绩，拥有属于自己的人生精彩。

施　芳

杨意红:
"老农匠"的乡土情

　　和辣椒打了 60 年交道,先后培育出 300 多个新品种,培训杂交育种技术人员 1000 多人次、丰产栽培能手 5000 多人……辣椒是杨意红一辈子的事业,如今 81 岁的他,仍然坚守在辣椒育种一线。

"培育新品种辣椒带动农民增收，是我做研究的最大动力"

"我是农民的儿子，希望通过我的努力，让农民收成更好。"爱钻研、敢闯敢试，1956 年，年仅 15 岁的杨意红便成了一家青年农业化工厂的负责人。然而他却不走寻常路，带领一群年轻人搞起了蔬菜育种试验。

1961 年，杨意红担任乡里的农业技术员。虽然只有小学文化，但他干劲十足，向书本学、向能人学，还经常去敲大学与农科院专家的门。凭着一股子钻劲，他成了当地有名的农技能手。

1982 年分田到户后，杨意红回到家中务农。他包制种、包技术、包销售，带领 150 多户农民种西瓜，1986 年还创办了一个民间果蔬实用技术研究所。在他的带动下，浏阳涌现出了好几个蔬菜种植大户，杨意红也被评为"全国农村科技致富能手"，并当选为第七届全国人大代表。

当地农民一直有种长线椒的习惯，并自发形成了一个小型辣椒市场。可当地辣椒产量不高、上市时间短，椒农要想增收，必须突破品种瓶颈。

"培育新品种辣椒带动农民增收，是我做研究的最大动力。"杨意红从农户家中找到了几百棵合适的单株，开始了辣椒育种事业。随着辣椒品种越来越好，杨意红的辣椒育种事业也越做越大了。

1987 年的初冬，杨意红带着 30 多名老乡，到海南三亚去做辣椒育种，并逐年扩大了育种规模。后来，浏阳农民在海南种植辣椒的规模也越来越大，每年运回湖南的辣椒就达 10 多万吨。

"我们培育的多个新品种不仅在湖南推广，还被引入广东、广西、云南、陕西等省份，得到了农民的广泛好评。"杨意红说。

"多做试验比匆忙入市好，新品种要经得起考验"

品种改良，创新无止境。怎样才能让辣椒抗高温、更高产？2011 年，70 岁的杨意红着手攻克这个难题——用从外地引进的辣椒做父本、本地辣椒为母本做杂交试验。

杨意红不记得自己翻阅了多少资料、跑了多少趟省城求助专家。2014 年，杂交试验终于获得了成功，一棵 3 米多高的辣椒树，成了大棚里一道亮丽的风景。

"当时，本地辣椒一般是一年生，而这棵辣椒树第一年基本没挂果，第二年非但没枯死，还长满了红辣椒，树顶则持续开花、结果，高产期持续了 3 年。"杨意红说，新品种能实现亩产辣椒 6000 斤以上。

更让杨意红满意的是这棵辣椒树的抗温性——一般气温到了 35 摄氏度本地辣椒就不挂果了，而这棵辣椒树在气温达到 40 摄氏度以上时还能结果。此外，它产出的辣椒适合干鲜两用，辣度也高，从中提取的红色素、辣椒素质量也很好。

这么好的新品种，杨意红却不急于推广，他有自己的考虑："多做试验比匆忙入市好，新品种要经得起考验。试种效果好，再去推广。"秉持着对农民和消费者高度负责的态度，杨意红研发的 30 多个辣椒新品种通过审定后在全国广泛种植，每年种植面积超过 20 万亩。

"有一丝成功的希望，我就要去尝试"

杨意红先后培育出多个辣椒新品种。不少人夸赞他，杨意红心知这是大家对他的肯定，更是一种激励："在培育新品种的路上，99% 都是失败的；有一丝成功的希望，我就要去尝试。"

2016 年，湖南湘阴的樟树港辣椒遇到了急需提纯的问题，很多技术人员攻关都未成功。最终，这个任务交到了杨意红手中。

杨意红专门将种子带到海南去选育，一开始效果也不理想。反复遇挫后，他又精挑细选了 1300 多株试验苗进行选育，最终挑出几棵最好的，移栽到浏阳。经过多年的努力，樟树港辣椒提纯难题终于得到解决。

"我希望培育出来的新品种能让市场满意、椒农开心。"这些年，最让杨意红骄傲的是，为老家培育的葛家"鸡肠子辣椒"获评国家农产品地理标志产品。2018 年 7 月，葛家"鸡肠子辣椒"正式上市，同时作为重要的产业扶贫产品，从葛家镇走向全国。在河南南阳，以"鸡肠子辣椒"作为母本的"辣丰3号"辣椒种植面积超过1万亩。

专注助农，不求回报。谈到下一步打算，杨意红表示，只要自己还干得动，就会一直干下去，"我希望能为乡村振兴贡献一份力量"！

（原载《人民日报》2022年2月22日）

人物小传

杨意红：1941年出生，湖南浏阳人，曾当选第七届全国人大代表。1986年获得"全国农村科技致富能手"称号，2006年获得"星火科技二传手"称号。他先后培育出300多个辣椒新品种，其中30多个品种在全国广泛种植。

勤奋好学　做出不凡事业

杨意红是个农民，却能钻研出不少种植技术，靠的就是爱学习、肯钻研。

杨意红的办公室里，除了几台连接大棚物联网的电脑，几个大书架最为显眼。书架上的书，经过多次翻阅，很多都已泛黄、卷边；一本本密密麻麻的笔记，更是记录了他的勤奋与好学。

"勤学习，多思考，技术才能紧跟时代跑！"这些年，杨意红向书本学、向互联网学、向能人学、向专家学，培育出一个个辣椒新品种。如今年过八旬的他，仍然每天早上5点起床，天一亮就扎进大棚忙活，得空便在办公室里看报、看书……他用自己的勤奋好学，做出了不凡的事业，也启示我们：坚持学习，勇于实践，不断成就更好的自己，就能在全面建设社会主义现代化国家新征程上贡献更大的价值。

顾仲阳

曾繁仁：
"做学问，要从国家需要出发"

　　一柱柱黑烟漫上云端，一亩亩良田被污水侵染，这些触目惊心的景象让在路上的曾繁仁感叹："走一程，痛一程。"

　　叹惋之余，暗暗起誓，献己全力，深思挥笔，"生态存在论美学"应运而生。光辉灿烂的中华传化，广袤无垠的中华大地，是他脑海中"美学"的最好源泉。他将一生都奉献给了"美丽中国"，致力于向世界发出中国声音。

　　现在，已是满头银发的曾繁仁，谈起生态美学，思路仍透彻清晰，一如当年心中立誓时意气风发……

"对我而言，治学是人生价值的持续提升"

1964 年 7 月，曾繁仁毕业于山东大学中文系，同年留系任教，从事美学与文艺学研究。1987 年秋，受学校委托，曾繁仁赴豫开展项目合作。他们一行七八人，乘着一辆面包车出发，跨越黄河大桥，穿越鲁中、鲁西南、河南兰考，直达开封市区。

当时，我国各地乡镇企业如雨后春笋般生长起来，"沿途中，一座座化工厂冒着柱柱黑色浓烟，造纸厂污水横流，渗入十几公里外的地下，一方方良田沃土被污染，空气中弥漫着呛鼻的气味……"曾繁仁回忆。

"走一程，痛一程。为了经济发展，我们国家的生态系统受损问题多、历史欠账多。"曾繁仁在心中做出论断。

回到学校，曾繁仁时常琢磨，如何发挥绵薄之力，结合自身所学，为改善当下生态问题做点事情。曾繁仁觉得，美学中应该发展出一门学科，将人文性、审美性与生态性统一起来。

后来，曾繁仁联想到老子在《道德经》中提到的"域中有四大，而人居其一焉"学说，还有中国古代哲学中关于"天人合一"的学说。这就让中国传统文化与生态美学发生了关联，他立足中国现实，提出了"生态存在论美学"，并一挥而就完成万字论文《生态美学：后现代语境下崭新的生态存在论美学观》。

两年后，曾繁仁在原有论文基础上出版了个人首部生态美学论著《生态存在论美学论稿》，进一步诠释了他的观点：生态问题归根到底是人的问题，倡导人类应该以一种普遍共生的态度对待自然环境，同自然环境处于中和协调、共同促进的关系。

那篇万字论文成为我国生态美学的代表性论文之一。该文与《生态存在论美学论稿》共同奠定了曾繁仁研究生态美学的基本理论框架，并为生态问题的解决提供了人文价值观上的思考。

"对我而言，治学是人生价值的持续提升；做学问，要从国家需要出发。"曾繁仁说。

"力求将求异与求新的治学精神延续到教书育人中"

1959年至1964年，曾繁仁在山东大学中文系读书。"求学期间，系里'大师云集'，冯沅君、陆侃如、萧涤非、高亨等教师，代表了当时文学研究的高峰，为新中国培养了一批优秀学子，这四位前辈都曾给我上过课。"曾繁仁回忆。

当时，系里的教师们偏爱让学生发言，"例如，高亨先生给我们上《诗经》与《左传》课，我们在每堂课结束后，都要围在高先生身边，向先生问学。我们对先生的学术都很景仰，经常引用先生以及前辈的学术观点。"曾繁仁回忆。

"不要老是提高亨怎么说，而是要提出你的新说，否则就是重复，没有意义和价值。"高亨先生对大家说道，"你们讲讲，有没有新看法、新发现？"

在教师们的引导下，系里讨论氛围浓厚，"大家都在尝试求新，积极参加学术讨论，手里捧着著作，引经据典，甚至与老师展开激烈讨论……"曾繁仁说。

曾繁仁说他"力求将求异与求新的治学精神延续到教书育人中"。他常把学生聚在一起，开展学术讨论，鼓励大家推陈出新。"我的博士生在写博士论文前，我都会问：你的研究与前人有何不同、提出了什么新问题？"曾繁仁说。

学术攀登创新之路，未曾止步。2010 年，已近古稀之年的曾繁仁，再度完成《生态美学导论》一书，这是国内首部综合中西古今资源、全面论述生态美学这一崭新美学理论形态的论著。

"'追求真谛，创立新义，力求出言有据，避免游谈无根'，高亨先生这句话，让我受益终身！"曾繁仁说。

"做点有意义的学问，为'美丽中国'建设贡献智慧，让世界听到中国声音"

曾繁仁家中，珍藏着一张合影。"照片拍摄于 2009 年召开的'全球视野中的生态美学与环境美学'国际学术研讨会上。"曾繁仁说。

当时，曾繁仁做了一篇关于生态美学的报告；会后，一位西方的美学理论家找到他说："想不到中国学者对于西方这么了解，也想不到中国学者对于生态美学有这么全面的研究。"

曾繁仁对于学术研究的国际交流十分重视。2005年以来，在他的身体力行下，山东大学多次召开生态美学相关大型国际会议，持续向世界发出中国声音……

"学术界曾有一种观点，认为'美学'与'生态'等都是国外输入的理论，中国没有本土的'生态美学'。"曾繁仁意识到，生态美学进一步发展的重要课题之一，就是"中国话语"建设。

从2017年开始，曾繁仁转向生态美学的中国形态研究，提出了"生生美学"，建构中国特色的生态美学。翻开《曾繁仁学术文集（十）·生生美学》一书，略扫一眼目录，就会发现此书内容广泛，涵盖古琴、敦煌壁画、中国书法等，内容颇为细致。

"'生生美学'，以《周易》为出发点，依托光辉灿烂的中国传统艺术，必须博览群书，从浩繁卷帙中汲取精华，才能研究得透、研究得好。"曾繁仁不好意思地笑了，"你看，家里挺乱，到处都是书。"

几年前，年近80岁的曾繁仁与爱人一同踏上火车，奔赴甘肃。"他总说，仅研究书中的敦煌壁画，还是差点什么，非要去实地看看。"曾繁仁的爱人笑道，"看到敦煌壁画的那一刻，他的眼睛都是发光的，边看边记；回来后，都写进了书里。"

研究"生生美学"，曾繁仁形成了一个小习惯。"有时，我俩正在外遛弯，他忽然着急回家，原来是想到了新观点，得立刻记到本子上；吃着饭时，有新想法，赶紧放下筷子去记下。"曾繁仁的爱人拿出一摞手稿，"这些都是他近期记的"。

问他为何如此痴迷。曾繁仁思索片刻，抬头答道："在我这样一个年龄，做点有意义的学问，为'美丽中国'建设贡献智慧，让世界听到中国声音，这就是我自己追求的人生价值所在。"

（原载《人民日报》2022 年 10 月 25 日）

人·物·小·传

曾繁仁：1941 年生，安徽泾县人，山东大学讲席教授、博士生导师，国家重点学科山东大学文艺学学科学术带头人。长期从事美学与文艺美学专业的教学和科研工作，出版《生态美学导论》《中西对话中的生态美学》《美育十五讲》等著作 10 余部，主编《中国美育思想通史》（九卷本）等。

致敬"文章合为时而著"

"60岁，对多数人而言，已是退休的年纪，而您却毅然进入一个自己以前并不熟悉的新兴领域，并开拓出全新的局面，背后的动力是什么？"采访时，记者问道。曾先生答道："在于'使命'二字。"

多年来，曾先生殚精竭虑、勤奋治学，把理论研究与社会关切结合起来，让书中的理论变得更有温度。从时代发展的现实境况中提炼学术问题、选择研究方向，是曾先生治学的基本路径。梳理曾先生数十年在美学和文艺理论领域的丰富成果，可见其背后跃动着时代发展的脉搏。可以说，他是中国当代学者"文章合为时而著"的典范。矻矻穷年，学术报国，这正是曾繁仁心中的使命，值得后辈学习！

李　蕊

于午铭：
奋战在新能源开发一线

　　如果你乘坐火车来新疆，一定不会忘记列车在达坂城风力发电场林立的风机间穿行的场景。旷野、雪山、风机……这些都是定格在很多人心中的新疆美景。

　　"这些风电机组，绝大部分实现了国产化；只有很少量'年龄'较大的是进口的。"国家风力发电工程技术研究中心原副主任于午铭说。**在风力发电机组国产化过程中，于午铭带领团队攻坚克难，研制出全国首台 600 千瓦国产化风力发电机组，为我国风电事业的发展做出了宝贵贡献。**

"划小核算单位，盘活现有资产，
能干什么就干什么"

50 岁之前，于午铭一直研究水力发电，担任新疆水力发电设备安装公司总工程师。1991 年春天，一纸调令来到他面前，单位决定派他担任新疆风能公司总经理、新疆风能研究所副所长。"50 岁时，我离开了工作二三十年的岗位，进入一个相对陌生的领域。"于午铭说面对这个挑战，他一直问自己："50 岁开始的风电事业，我能做好吗？"

调到风能公司的第一天，时任达坂城风电场场长的武钢就带他去了现场：那里已矗立起 14 台进口风机，是当时亚洲最大的风电场之一。

走进风电场大厅，于午铭被墙上的一幅油画吸引住了：油画中，皑皑雪山下风机林立，望不到边际。武钢满怀憧憬地对他说："这就是咱们风电场未来的模样……"

然而，上任之初，于午铭就面临着公司亏损的问题，"当时全场装机 2050 千瓦，年发电量 500 多万千瓦时，全年电费收入仅 20 多万元，还不够抵销折旧费用。"于午铭说，"人心不稳、队伍涣散更让我忧心忡忡，看得出大家对未来信心不足……"

多年的水电工作经历让于午铭清醒地认识到："风电这个新兴的绿色行业有着巨大的发展潜力，前景不可限量，是一项不能放弃的事业。"

为了带领团队渡过难关，于午铭采取了两项行动：一是组织人员专门研制小型风电机组。1991年12月，于午铭带领研发团队研制的FD-150型风电机组通过了成果鉴定，到1993年时累计制造了300多台。这一产品除了面向边远农牧地区销售，还出口到丹麦，为后来制造大型风电机组打下了基础。二是开展多种经营。用75吨吊车对外承揽吊装业务，在312国道边建起了加油站……"划小核算单位，盘活现有资产，能干什么就干什么，用'副业'来养'主业'。"于午铭说，8年后，公司终于扭亏为盈。

"大型风电机组能实现批量销售，对新疆来说太不容易了"

1992年春的一天，有一台风电机组发生了飞车事故：风车失控、刹车失灵！风越吹越大，集聚的能量越来越多，机组不断加速，转速远远超过了风机允许的最大值，"隔着很远的距离，都能感到脚下的土地在颤抖，持续下去就可能会发生更严重的事故……"于午铭回忆道。

眼看着叶片就要飞出去，武钢冒险攀上23米高的塔架，手工操作偏航装置，让风叶偏离主风向，同时用千斤顶顶住刹车，故障机组终于慢慢减速了……

这次事故让于午铭认识到，进口机组价格高、售后难，在技术上也并不是完美无缺的；他逐渐萌生了制造国产化风力发电机组的念头。然而，没有资金和技术，于午铭心里也没有底，"但就是想争口气，向世界证明，我们也能造出大型风电机组"。

于午铭提出采取"分步走"的办法，一个部件一个部件地实现国产化，零部件制造利用社会资源，动员全国机械制造力量投入生产，而自己则主要抓整体设计和装配。

刚开始投运的几台机组出现了齿轮故障和温度过高的现象，经过排查，于午铭判断不是齿轮箱质量问题，而是由于机舱内部通风设计不合理导致舱内温度过高。反复观察试验机舱内空气流动走向，他终于找到了合理的解决办法。

1998年6月16日，对于午铭来说是个值得纪念的日子。这一天，他带领团队研制的国产化风电机组在达坂城风电一场并网发电，国产化率为33%。"第一台机组中，只有塔筒是我们自己造的，其他部件还是进口的。"于午铭说，此后一年间，他们又陆续投产了9台机组，从机舱、发电机到叶片、电控系统，一个个逐步国产化；到第十台时，国产化率达到了96%。

"我们一直是断断续续一台两台地接到订单，直到2001年夏天，河北一家风电场一次性订购了6台，那是我们第一次把产品批量销往外地。"说到国产化风电机组被越来越多的风电场所接受，于午铭很欣慰，"过去，新疆给大家的印象主要是瓜果、粮食等农作物外销，很少有高科技的工业产品。我们的大型风电机组能实现批量销售，对新疆来说太不容易了！"

如今，基于这 10 台机组研制出的各种新机型，占据了新疆风电市场 60% 以上的份额。

"采用新的研究方法和技术路线，回答好风光电资源'有多少'和'在哪里'"

退休后，于午铭始终关注着行业的最新动态。他发现，业界对新疆风光电资源工程的可开发量并不清楚……

"只有了解清楚相对准确的风光电资源工程可开发量，才能大致评估行业发展前景以及这些资源在实现'双碳'目标中所能发挥的作用。"于午铭说。

可问题是，业界对风光资源量的估算并不统一，"有说十几亿千瓦的，也有说数百亿千瓦的，甚至还有人说相关开发量是没有天花板的。"于午铭说，现有技术条件下的风光资源可开发量能否满足发展需求？可开发的资源在什么地方？这两个问题需要科学地回答。

于午铭萌生了新的想法：摸清新疆可开发风光电资源底数，以数字地图为载体，建立新疆动态风光电资源数据库；同时提升现有的工程技术水平，"采用新的研究方法和技术路线，回答好风光电资源'有多少'和'在哪里'两个问题"。

2021 年 6 月，新疆风光电资源工程可开发量研究项目正式启动。历时一年，研究项目基本完成，全疆风光电可开发地域已在卫星地图准确标注，并经过了与国土空间规划现行"一张图"的衔接查询，可保证开发地域符合当前国土空间规划要求。新创的新疆风光电资源工程可开发量动态数据库，也已实现数据存储、查询、演示、编辑、关联等功能，"把风光资源从空中落实到地面"的构想业已完成。这一项目成果于 2022 年通过中国可再生能源学会组织的科技成果鉴定。

现阶段，于午铭开始带着项目组赴各地州实地考察，与当地主管部门交流风光资源量摸排结果与新能源发展意见，引导新能源审批政策中植入"控制开发强度、提升土地利用率"发展理念。

（原载《人民日报》2023 年 4 月 3 日）

人物小传

于午铭：1941 年生，陕西西安人，教授级高级工程师，享受国务院特殊津贴专家，国家风力发电工程技术研究中心原副主任、中国可再生能源学会风能专业委员会顾问。自 1991 年起，他深耕风能行业 30 多年，为我国风电事业发展做出重要贡献。

耄耋之年，于午铭仍奋战在新能源开发一线，致力于摸清新疆风光资源"在哪里""有多少"，并推动研究成果在"双碳"目标中发挥作用。

把科研成果应用落到实处

于午铭珍藏的照片中，有一张是风机起运剪彩仪式上的团队合影。那是他带领团队研制成功国产大型风电机组、完成第一个批量订单后团队的合影。回想起那时的情景，他说："我始终认为，所有的科研成果最后都要落实在应用上。"

如今，《新疆风光电资源工程可开发量研究技术报告》已完成。但于午铭仍在不停地奔走于风光电开发一线，以促成研究成果应用在实现"双碳"目标上。希望新疆每一寸有风有光的土地都能得到更好的开发，这是于午铭的心愿；他正为实现这个目标而持续努力着……

李亚楠

郑皆连:
50年潜心研究修建拱桥

　　雨后的广西壮族自治区河池市天峨县,山泼黛,水浮蓝。在天峨龙滩特大桥建设现场,活跃着一位82岁的老人:他身量不高,庞眉白发,精神矍铄。老人名叫郑皆连,是大桥建设的主持者。

　　"桥梁建设,必须安全可靠。这是一条铁律!"郑皆连反复叮咛,一口浓重的四川话,浑厚而沧桑。

　　勘查、指导,眼看日头高挂,郑皆连还要去下老岸平台检查缆索,记者忙劝他歇歇。他不干:"不行。一点不能懈怠,我只想追赶时间。"好个执拗的老人！就跟他的微信名一样，是个"倔老头"。

可就是这位倔老头，修桥修了 50 多年，为我国拱桥事业发展做出了积极贡献。走近郑皆连的人生，才发现，他倔得可爱，倔得可敬。

"如果有机会，更长的桥我们都能修"

1965 年，郑皆连大学毕业后，被分配到广西工作。次年，他参与建成广西第一座双曲拱桥——柳沙桥。当时，很多人觉得，技术水平受限，双曲拱桥顶多建到 30 米。郑皆连却说："如果有机会，更长的桥我们都能修！"

周围的人不看好郑皆连，他却不在意："水阻架桥，山挡辟路，没有冲劲、闯劲，何谈涉险滩、解难题？"

很快，这个浑身干劲使不完的小伙，令大家刮目相看……

很长一段时间，拱桥施工，必搭支架。有一年发大水，百色地区的拱桥支架被冲垮，顺着右江直漂进南宁。郑皆连深受触动：能不能不立支架建拱桥？

"除了怕洪水，传统的支架法还有很多制约：水深流急之地，支架搭建难度大；跨铁路的支架，阻碍火车运行；支架本身还要毁林伐木，成本很高。"郑皆连分析。

支架的作用是托住拱肋。那么，无支架施工怎么搞？郑皆连反其道而行："用钢丝绳把拱肋吊起来。"时任广西公路局局长王秀堂非常支持郑皆连的想法，鼓励他大胆攻关。

无先例可循，便蹚出一条新路。简陋的工棚里，郑皆连席地而坐，画图设计——斜拉扣挂松索合龙架设拱肋的方法由此问世。1968年10月24日，我国第一座无支架施工双曲拱桥——灵山三里江大桥建成，跨径46米，那一年，郑皆连刚满27岁。

拱桥建成，20多个考察团蜂拥而至。双曲拱桥无支架施工技术迅速在全国推广。仅在广西，采用新技术的拱桥达上万延米，节省超过1万立方米木料。"从学别人到自己做，只要不断努力，就会有新收获。"耄耋之年的郑皆连再提此事，白眉跳动，笑容铺展，仿佛仍是当年那个意气风发的小伙。

"我不是天才，是实践造就了我"

中国拱桥历史源远流长，1400多年前建成的赵州桥至今仍屹立在河北省赵县洨河上。事实上，除了石拱桥，中国在混凝土拱桥、钢拱桥方面还有很大的进步空间。

郑皆连曾语重心长地勉励青年桥梁工程师："科技进步永无止境，科技变革一日千里。要善于发现需求，瞄准解决重大工程科学问题而不懈努力。"这又何尝不是其恪守一生的信念与追求？

20世纪七八十年代，郑皆连已参与修筑大桥40余座，长度达2万多延米。当时广西七成公路大桥都采用了他的技术。可他常说，要善于从传统技术中汲取创新的力量。"如果你对别人坚信不疑，那你就不可能超越他。"

1992年，这一次，郑皆连要超越自我。

上马的邕宁邕江大桥（后改名为蒲庙大桥）使用了钢管劲性骨架，相关设计单位最初想用的安装方法，是三里江大桥的斜拉扣挂松索合龙工艺。但是郑皆连不同意："这个工艺存在比较大的局限性，无法实现大跨径拱桥的多段拱肋安装。"

原来，拱肋分成5段以内，斜拉扣挂松索合龙工艺是合适的。一旦跨径变长，拱肋分段增多，则风险变大、精度变差且难以控制。"超过100米，用旧法子就够呛了。更何况邕宁邕江大桥跨径长达312米，拱肋分了9段。"郑皆连敢于直面自己旧技术的不足……

新现象带来新挑战。摆在郑皆连面前的，又是一个大难题，但他毫不胆怯，反而知难而进、迎难而上！作为大桥专家组组长，郑皆连对原有工艺进行升级，将之前的先松索后合龙的办法改为了先合龙后松索。貌似只是术语顺序变化，但里面涉及大量研究和试验。"新方法将合龙过程由动态转变成静态，其中在千斤顶施力、悬拼技术、扣挂系统等方面都取得技术进步。"郑皆连解释。

1996 年，邕宁邕江大桥建成。当时业界认为，大桥设计与施工技术研究成果总体上居同类成果国际先进水平。两年后，这一研究成果被评为国家科学技术进步奖二等奖。1999 年年底，58 岁的郑皆连当选中国工程院院士。他坦言："我不是天才，是实践造就了我。"

"没有最好的桥型，只有最合理的"

天堑变通途，平南三桥如弯月临于浔江。但是，这座跨径 575 米的拱桥，诞生过程充满着艰难……

2017 年，专家咨询会上相关设计单位推荐悬索桥，郑皆连提出的钢管混凝土拱桥方案被投反对票。理由是：浔江北岸的地质条件，不符合传统拱桥建造要求。"我仔细研究后，发现地质难题是可以通过技术克服的。"郑皆连坚定地说道。

经过充分论证，拱桥被作为推荐方案。可报到上级部门，因风险问题再次被投反对票。不唯书、不唯上、只唯实，郑皆连决定一"倔"到底——他把钢管混凝土拱桥的工程风险和造价风险可控的缘由一一列出。并打起"铁算盘"：拱桥方案比原方案节省预算近 9000 万元，后期维护费每年还可省 100 万元。"维护费主要由平南县出，那时县里还分布着近 80 个贫困村。"76 岁的郑皆连主动申请出任平南三桥建设专家组组长，与参建各方共担风险。

拱桥方案终于被批准。"没有最好的桥型，只有最合理的。"郑皆连后来感慨，"有些人怪我过于严苛，可我满脑子想的，唯有以'担当'之桥，心怀家国，砥砺前行。"

把论文写在拱桥上。针对平南三桥的地质问题，郑皆连带领团队发明了"地下连续墙＋注水泥浆加固的卵石层"复合基础技术；运用北斗卫星定位系统等，研发了拱桥主动控制系统智能纠偏技术；建设中坚持科研先行，获授权9项国家发明专利。2020年，平南三桥建成，一举打破拱桥只能建在坚硬基岩上的传统认识，并且平南三桥具有我国完全知识产权。

杭州的复兴大桥、广州的新光大桥、泸州的合江长江一桥……郑皆连的修桥足迹，遍布祖国大江南北。"近40年来，中国拱桥技术已挺进世界前列。"一次次刷新拱桥世界纪录的郑皆连，认真地说，"负责任的工程师不应追求世界纪录，但也不怕超越世界纪录。"

（原载《人民日报》2023年4月13日）

人 物 小 传

郑皆连：1941年生，四川内江人，桥梁工程专家、中国工程院院士、广西大学土木建筑工程学院教授。自1965年起，他长期从事拱桥科研和工程技术创新工作，曾获3项国家科技进步奖、茅以升科学技术奖——桥梁大奖、李国豪原创桥梁技术奖；所主持的大桥项目相继荣获国际桥梁大会最高奖乔治·理查德森奖、中国土木工程詹天佑奖、中国建设工程鲁班奖等。

激励后人续写建桥传奇

　　春日的广西大学里，郑皆连在给本科生上开学第一课，如此说道："你们成长在这个时代是幸福的。希望你们充分把握时代潮流，将人生目标和国家发展结合起来，在你们手里完成时代所追求的理想。"

　　郑皆连用他的人生经历为"匠心"二字作了诠释：因罹患疾病，他的鉴定里写着"和疾病做过顽强斗争"；在火车站因思考顶推梁程序的一个难点入迷，睁着眼睛被人偷走行李包；他一辈子在工地的时间远大于在办公室……潜心研究修建拱桥。彼之年少，木桥飘摇时，郑皆连不懈跟跑；及至壮年，钢桥耸立时，他奋力并跑；今已白头，盛世造桥时，领跑的他已在桥上观世界。相信他的经历与精神，将激励更多青年桥梁工作者奋勇攀登、风雨兼程，打造更多桥梁经典，继续书写建桥传奇。

　　　　　　　　　　　　　　　　　张云河

王泽霖：
立足生产需要搞科研

　　河南农业大学动物生物安全三级实验室（P3实验室）正式获批建设，**实验室建设的主要推动人、年届八旬的河南农业大学教授王泽霖至今仍在忙碌**……住在年代老旧、没有安装电梯的家属楼里，每天骑电动车买菜、出行，王泽霖对平淡、简朴的退休生活甘之如饴，只是学校的科研和人才培养工作让他时时牵挂……

　　2020年年初，他捐出多年来积累的科研转化结余8200多万元，助力建设P3实验室；后来，他又捐出300万元个人奖金，支持青年人才科研创业。中国工程院院士、河南农业大学原校长张改平评价他："对国家'慷慨'，对自己'抠门'。"
这究竟是怎样一个可爱可敬的人？

让科研成果促进生产，再用生产收益支持科研

1978 年，改革开放的春风吹起，一部分脑子灵活的人搞起了规模化、集约化养殖。规模、管理一上去，产量、效益也噌噌往上涨。然而养殖的人一多起来，一些传染病也随之而来。刚刚起步的养殖户们，缺乏有效防治手段，一度遭受严重损失。

20 世纪 80 年代，王泽霖从南京农学院毕业，之后调入河南农业大学工作。参加工作后的王泽霖面对束手无策、上门讨教的养殖户，他决定开班办学，推广科学防治方法。为了解更多情况，他骑着自行车跑遍了郑州和周边县市几乎所有的养殖场。

随着越来越多的问题得到解决，慕名前来咨询的人也越来越多。尽管每次只收几块甚至几毛钱诊疗费，到1995年，王泽霖还是为学校挣下了 400 多万元。

有了资本积累，他就想着让技术的红利惠及更多人。"提升养殖水平，有效手段之一就是打疫苗，可进口疫苗很贵，不如自己研发。"于是，王泽霖与河南农大达成协议，成立农业类研究所，开展产学研合作，用科研成果促进生产，再用生产收益支持科研，"靠这样的方式，我们开始自

筹资金搞研发。"王泽霖说。

30多年来，王泽霖在科研上一路向前，先后获得3项发明专利和12个新兽药证书，创立了浓缩灭活联苗研发平台，打破了国外垄断，极大降低了养殖的防疫成本；他个人和团队也因此获得国家科技进步奖二等奖。

据中国禽病研究会统计，王泽霖的科研成果先后在全国20多家大型生物制品厂规模化生产；近10年来，平均每年为养殖业增加100多亿元产值。谈及自己的科研成果，王泽霖总是归功于运气："当初不搞这项研究，不来河南农大，很难取得这些成果。"

热心公益，将毕生科研转化结余的8000多万元捐给学校

虽然累计捐款8000多万元，可周围人都说王泽霖很"抠门"。

十几年前，王泽霖应邀到某全国大会上做报告，穿着旧衣服就去了。"王老师秋衣的两个袖子都磨得破边了，领子也松松垮垮的。我想帮他买身新衣服，他只是摆摆手、笑眯眯地说，'有的，有的，会换的'。下次还见他把那件衣服穿来。"学生菅复春回忆，"平时在外出差住宿吃饭，几十块钱他都较真。"

在王泽霖的人生字典里似乎没有"享受"这个词。工作几十年，他一直坚持"能步行不骑车，能骑车不坐公交，

能坐公交车绝不打出租车"的出行原则。

对自己如此"抠门",可王泽霖也有"挥金如土"的时候。河南省动物疫病预防控制中心副主任闫诺潜是王泽霖带的第一个研究生。他回忆起 20 世纪 90 年代,老师们一个月才几十块钱工资,但导师王泽霖为了让他好好做实验,当即买了价值 1.6 万元的基因扩增仪(PCR)供他使用,是整个学校的第一台。

研究所自主经营后,王泽霖利用科研服务和成果转化的收益,逐步在学校里盖起了两座实验楼,购买了在当时很先进的高速离心机、超速离心机、低速大容量离心机、浓缩机、冻干机等先进仪器设备,供生产、科研、教学使用。

"在学校的支持下,研究所的一砖一瓦都饱含着王老师的心血。"闫诺潜说,20 多年,逐渐攒下 8200 多万元,但研究所的收入,王泽霖没为自己花过一分——

2005 年,新药证书转让所得 500 万元。王泽霖把其中属于自己的 100 万元设立创新基金,鼓励青年科学家投身养殖防疫事业。

2020 年,王泽霖又将 8200 多万元科研转化结余捐给河南农大,用于建设高水平的 P3 实验室……

希望通过努力让国家发展更快一点、人民生活更好一点

这么多年来,王泽霖对科研的要求都极为严格。

"王老师一直要求我们，不能脱离一线。再苦再累，也要往现场跑，要自己亲手抽血、采样，体验养殖防病工作。"闫诺潜回忆说。

近年来，根据生产实践需要，王泽霖又开始在新领域发力，他率先提出了研发联合疫苗的思路，真正做到了"一针多防"，大大降低了疫苗免疫成本。

"王老师最值得学习的地方，在于他与生产紧密结合的科研思路和态度。"现任研究所所长赵军说，"我们研究所每个人都继承了王老师的科研精神，我们这儿培养的人，企业都抢着要。"

加上读研前在山西从事相关工作的十几年，王泽霖搞科研将近半个世纪，始终保持着简朴的生活作风、严谨的科研态度和热心公益的价值观。每当有人想要深入了解背后的原因，王泽霖都会讲起自己的身世和姐夫。

王泽霖于1942年出生在苏州，从小生活困苦。他有个姐夫叫赵福仁，14岁参加革命，是一位经历了抗日战争、解放战争和抗美援朝战争洗礼的老军人。"姐夫这样的共产党人是英雄，更是榜样，他的人生态度深深鼓舞着我。"

"从很小的时候开始，我就下决心要努力奋斗。"王泽霖说，他后来吃饱了肚子，上了学，有了工作，也取得了一定成绩。"我希望通过我的努力，能让国家发展更快一点、人民生活更好一点。"

（原载《人民日报》2023年4月4日）

 人物小传

王泽霖：1942年1月出生，江苏苏州人，二级教授、博士生导师。曾获国家科技进步奖二等奖1次、河南省科技进步一等奖2次。2020年，王泽霖将毕生科研转化结余的8200多万元全部捐给学校；2022年，他将个人的河南省科学技术杰出贡献奖300万元奖金全部捐给学校，用于支持人才培养和科研创新工作。

协力推动科研成果落地

王泽霖已经80多岁了，多年受糖尿病困扰的他，身形瘦削，但依然乐观积极，口齿清晰，和蔼可亲。有人问起他的成功经历，他十分谦虚地归于时代机遇；问及他的巨资捐献，他总说，"这些钱花在自己身上是浪费，应该用到'刀刃'上"。

王泽霖谦虚谨慎、淡泊名利的品质令人肃然起敬，其创新精神更值得我们学习。在20世纪八九十年代，王泽霖能够立足生产实践需要，开展产学研合作，用科研促进生产，用生产支持科研，取得一系列科研成果和巨大经济效益，成为一代人的榜样。

希望更多的人能从王泽霖的经历中得到启发，立足实践，大胆试、大胆闯，顺应市场需求进行科研攻坚、协力推动科研成果转化，为创新型国家建设添砖加瓦。

毕京津

李乡旺：
扎根云岭　守护青山

　　他是一名老师，他的学生不仅在课堂之上，还分布在云南广袤的山川之中；他是一位老人，退休后继续从事石漠化治理工作；他的足迹遍布云岭大地，用坏了8副护膝，为80万亩石头山披上了绿色的新装……他是78岁的西南林业大学退休教授李乡旺。

"既然国家需要，咱就干"

1995 年，西南林学院（后更名为西南林业大学）接到了石漠化治理科研任务。石漠化治理在当时是个新课题，没有太多参考资料，学校想到了李乡旺。

上课备课、管理图书、带研究生……如果没有接下石漠化治理科研任务，当时 52 岁的李乡旺本可以按部就班地工作，直到退休。学校不仅寄希望于李乡旺树木学专业的研究方向，更看重李乡旺的担当。

"在林场 14 年的经历，对我的人生影响很大。"李乡旺回忆，1965 年大学毕业后，他被分配到甘肃，在岷山脚下白龙江边的一个林场工作，担任营林技术员。李乡旺所在的地区，每年有将近一半的时间都在下雪。采种、育苗、造林……踏雪翻山，李乡旺一干就是 14 年。其间，他所在的营林队栽种了 2 万多亩云杉和冷杉，如今已蔚然成林。

在甘肃，李乡旺见过黄沙漫天的场景，亲历过艰苦的生活，这让他认识到保护生态的重要性。恢复高考后，他决定攻读研究生，深耕树木学专业，最终，35 岁的他考上了研究生，毕业后留校任教。

20 世纪 90 年代，李乡旺被云南省林业部门抽调去撰写云南省古树名木志。在此期间，他在云南巧家县发现了一个稀有树种——五针白皮松（也叫巧家五针松）。当时野生个体只有 20 多株，后被列为国家一级重点保护野生植物。

在李乡旺和其他科研人员的努力下，该树种最终得到有效保护，现在已累计移植成活逾 3000 株。

前半生都在和树木打交道，当治理石漠化的任务落到李乡旺肩上时，他二话不说，接过重担。"既然国家需要，咱就干！"他的妻子、同校老师陆素娟也加入进来。李乡旺主要负责野外科考，妻子主要负责实验室工作。

红河哈尼族彝族自治州开远市是石漠化现象比较严重的地区，也正是李乡旺开展工作的基地。他忘不了第一次考察石漠化地区时见到的景象：绵延的石头山一眼望不到边，土壤瘠薄，寸草不生。

让石头缝里长出树，这就是李乡旺的工作。

"石头缝里，真的长出了树"

既没有前人研究可供参考，也缺少必要的基础数据，李乡旺迈开步子，从海拔 246 米的红河州江边出发，一直到开远市碑格乡海拔 2700 多米的大黑山，把红河州石漠化地区的大山爬了个遍。针对不同海拔、坡度、坡向，不同土壤、地形条件，不同原生、次生植被类型，他和同事们进行了调查与监测，最终收集了 1 万多个数据。

白天进大山、下试验田，晚上还要学习生态学、气候学、植物生理学、土壤学、造林学等多个学科的知识。"平常在学校上课，周五晚上要坐火车赶到开远市的实验基地，马不停蹄工作几天，再赶回学校。"从此，李乡旺几乎没有了休息日。

石漠化地区气候干旱、土壤瘠薄，李乡旺首先找到一批适宜在当地生长的树种。李乡旺从之前收集的数据中，筛选出 50 多个树草种，模拟不同海拔的气候、温度条件，做种子萌发实验。

最终，一种叫白枪杆的乡土树种，以及永椿香槐和滇杨，进入了他们的研究视野。不过，这 3 个树种同属乔木，同类型树种如果太多，产生病虫害的概率就大。李乡旺又开始研究不同树草种组合种植，筛选出符合不同气候土壤特点的乔灌草种，摸索出不同树草种的育苗、造林方法。

慢慢地，石山变成青山，青山上出现动物，动物带来新的植物种子……治理区内的物种多样性开始形成，土壤肥力增加，良性循环开始。

"石头缝里，真的长出了树！"李乡旺笑着说。

"老百姓的口碑，就是对我们最好的褒奖"

2003 年，李乡旺退休了，有机构聘请他做专家顾问，他婉言谢绝，继续站上讲台传授石漠化治理知识，手把手教乡亲们扦插育苗技术，在石漠化治理工地向农民工兄弟传授造林技术……"其实，研究石漠化治理，20 多年还远远不够。"李乡旺说，有些树种可能要 20 多年才刚刚摸清楚它们的特性，而且石漠化治理没有标准模式，只能因地制宜，不断摸索。

20 多年来，李乡旺的科技成果推广面积达 80 余万亩。

以开远市为例，1996年前造林成活率仅为50%，如今达到85%，森林覆盖率也显著提升。

"这些年来，我和林业部门的技术人员一起，头顶烈日，脚踩碎石，摔了无数次跤，翻了无数个山头。"李乡旺说，由于长期爬山，他的关节磨损严重，出行必须戴护膝。在他家里，保存了8副磨破了的护膝，它们是李乡旺多年来翻山越岭最好的见证。即便如此，古稀之年的他还是跑遍了云南的各个石漠化综合治理县（市、区），与其他专家学者合作完成了《云南省石漠化综合治理区划》《云南省石漠化综合治理技术规程研究》等著作，继续推进云南石漠化综合治理的理论研究工作。

李乡旺对出差途中的一件小事记忆犹新。一次，在回昆明的火车上，他听到一位乘客对着窗外感叹："这里过去全是石头山，如今怎么连石头缝里都冒出了那么多树！"

这让李乡旺内心泛起了涟漪："老百姓的口碑，就是对我们最好的褒奖！"

（原载《人民日报》2021年11月1日）

人物小传

李乡旺：1943年生于昆明，1965年在甘肃的林场工作，1979年考取硕士研究生，毕业后留校任教。20多年来，李乡旺致力于滇东南石漠化治理，让80余万亩石头山披上了绿装。曾获"云岭楷模""云南省优秀共产党员""全国离退休干部先进个人"等荣誉。

初心不改，老而弥坚

　　一只背壶、一个挎包、一顶草帽，一个步履蹒跚的身影时常奔波在滇东南大山深处。是什么支撑一个图书馆馆长，在快退休的年纪接下石漠化治理的重担，不喊苦不喊累，一干就是26年？

　　"云南生养了我，我愿意把自己的全部精力献给家乡的绿色事业。"朴素的回答，道出了其中的缘由——奉献源自他对脚下这片土地的挚爱。

　　桑榆不改初心志，老当益壮冲在前。常年奔波，他的腰杆不再挺拔、步履不再敏捷，但为荒山披新绿的信念依旧坚定。一棵棵石头缝里长出的草木，一座座披上绿衣的大山，就是他初心不改的最佳见证。

　　　　　　　　　　　　　　　叶传增

张德二：
探寻长期气候变化的规律

　　与张德二见面，是在国家气候中心的专家办公室。办公室柜子里几乎都是她的专著、发表的论文和参考书刊。进门左边一排排小抽屉里，整整齐齐放满了检索资料的小卡片。

　　年过八旬的张德二谈起气候学研究神情专注，如数家珍。"这一辈子，我主要做了一件事，就是认真研读、解析中国特有的历史气候记录。研究内容很繁杂，也不是热门学问，但我国气候研究必须得有充足、可信的基础数据支撑，才能有长足的发展。"张德二说。

不断摸索创新，将历史文献引入气候研究

1974 年，张德二到原中央气象局气象科学研究所一室报到，开始了气候变化研究。当时接到一个研究青藏高原地区未来气候变化趋势的任务，这让全室上下都犯了难。当时，一年以上的气候变化趋势都很难预测，要预测更长时间的气候变化趋势，几乎不可能。通常做未来一年气候预测，就需要 10 年以上的气候资料。如何解决？只能从古气候领域去想办法了，但当时我国古气候方面的资料几乎是空白的。

大家分头去查阅相关研究动态，了解到树木年轮研究、地层沉积物分析、冰芯钻探等古气候研究方法，也摸索出了一点门道，但都进展不大。这时，大家发现，气象学家竺可桢先生发表的《中国近五千年来气候变迁的初步研究》一文依据中国史籍记载，应用现代理论和方法，建立了中国五千年温度变化趋势曲线，又和国外的雪线、冰芯等记录对比，提出全球气候变化的新见解。"我从中深受启发，利用中国历史文献记录来推断过去的气候，这是寻找长时期气候变化规律的可行途径。"张德二说，很快大家便对此形成了共识。

1977 年，张德二被派往南京大学组织五百年旱涝史料的第二期工作，和来自 19 个省份的协作组成员一起合作，在南京、上海等地的图书馆查录旱涝史料，给各地每年评一个旱涝等级，然后汇入第一期的成果，画出每年的全国

旱涝等级分布图。随后，一本厚重的《中国近五百年旱涝分布图》（油印本）面世。然而，张德二仍未止步，她又花费两年时间去核定原油印本的数据资料，校订、商榷、修改。1981 年 1 月，《中国近五百年旱涝分布图集》正式出版。

这次研究经历，让张德二对历史气候研究有了新的认识，她继续探索将历史文献引入气候研究。在此基础上，她又经过深入研究，给出了中国历史降尘频数曲线，绘成的历史降尘记录地点分布图竟然和现代黄土实际分布基本一致，还分析了沙尘的风力传送、沉降的动力过程等。这些结果经中英文版《科学通报》和《中国科学》发表，在国内外产生了很大的影响。

查阅 8432 种中文史籍，专注编订中国三千年气象记录

张德二认为，气候研究必须拥有充足的资料，系统整理历史气候记录是一项奠定学科发展的基础研究，"研究历史气象记录可以说是小学问，但小学问对大学问是有用的，这个大学问就是全球气候变化。"

张德二大胆设想：能否对我国近一千年、三千年的历史气候文献记录系统、全面地发掘整理，详加考订，编成一套翔实可信的中国历史气候记录的系统资料，为我国气候学发展、研究气候变化奠定坚实基础。

虽然有了这个想法，但张德二还是担心做不下来。中

国的历史文献典籍十分丰富，从中采集历史气象记录必须系统地进行，要用历史学、文献学的方法严格考订、勘校，用气象知识来辨识，而自己的学养仍然不足，何况工作量如此巨大。张德二估算，起码要10多个人合作花上3年时间才能完成。在多位学界人士的支持下，在历史专家的指导下，张德二从《书目答问》入手，开始了研究之旅。

1983年，张德二决定从宋朝开始做千年气候研究。她先是用一年时间制作了待查阅的古文献目录卡片逾万张，然后和协作团队一道，从37个城市的75座图书馆、档案馆，查阅了8432种中文史籍，除去无气象记载的古书外，实际采摘引用7930种，将其中有关气象的文字记载摘录出来。

1986年，张德二被选派到国外参加研修，其间，张德二更多地了解了国际前沿的气候学研究方法和大型研究计划的进展。回国后，张德二和协作团队一道努力，历时5年完成千年气候研究课题。经过反复修改，2004年12月，《中国三千年气象记录总集》出版，历时整整20年。直到退休，张德二仍然在对气象史料进行补充和勘误，2014年，900万字的《中国三千年气象记录总集》增订本面世。

年过八旬仍关注学术前沿，想做一些前人没有做过的研究

气象学界对《中国三千年气象记录总集》给予了很高的评价，认为这套书不仅是一部汇集研究三千年来气象学

上可以精确到年、月记录的作品，更是中国历史气候研究走向成熟的标志。其时间跨度之长、内容之齐全、考订之认真严谨，在中外历史气候资料研究领域颇为罕见。它为研究气候、环境、生态、农业、气象灾害以及人类活动影响提供了重要基础资料。

如今这套书已被广泛应用于气候变化研究，也成为研究气候变化及相关学科的常用工具书。在国家图书馆开放陈列的工具书书架上架已 19 年，蓝色封皮被磨出了白痕。"这说明读它的人不少，我很欣慰。"张德二说。

几十年如一日，从数量庞大的历史文献中查找气象记录，并逐条考订，张德二的坚持既考验耐心，更考验治学态度的严谨和一丝不苟。她每天都钻进资料堆里，不会因杂事分心。

"最喜欢的工作时间，是晚上 8 点多到半夜 12 点，这段时间很安静，可以更专心地做事。"张德二每天都要工作，周六日也坚持，家庭事务一切从简。张德二说，做事必须有始有终，尽所有力量做好一件事情；再难的事情也应一步步地去做，一直做到自己满意为止。

《中国三千年气象记录总集》出版后，张德二仍然关注着学术前沿，想做一些前人没有做过的研究。在这个过程中，她对历史时期的极端气候事件尤为关注。从 2003 年以后，她专注于解析和考订气候史料，为各类历史极端气候事件绘制了实况复原图，写成的《中国历史极端气候事件复原研究》，也已出版。

（原载《人民日报》2023 年 7 月 12 日）

人物小传

张德二： 1943 年生于四川成都，曾任中国气象科学院研究员、研究生导师，国家气候中心气候变化研究首席专家。长期从事历史时期气候变化研究，发表论文 140 篇，执笔《中国近五百年旱涝分布图集》、主编《中国三千年气象记录总集》。1980 年获国家自然科学奖，1982、1994、2005 年获中国气象局科技奖，1997 年获中科院自然科学奖。2023 年 4 月，获得 2022 年度中国气象服务协会科学技术奖风云成就奖。

不因学问冷门而不做

从三十而立到耄耋之年，几十年如一日，张德二埋头在浩瀚的历史资料堆里，收集、整理、考订，其工作之琐碎、繁杂，工作量之庞大，让人望而却步。若不是因为对气候研究的热爱以及强烈的使命感、责任感，就不可能有完成这项工作所需的耐心、细心、恒心。

在张德二看来，科学世界里到处都是学问，不因学问冷门而不做，不因学问冷门而忽略它。找寻真理的过程再艰难、再烦琐，也要尽一切努力去探索。唯有如此，才能攀登科学的高峰，为祖国发展贡献力量。

这是质朴又宝贵的科学精神。相信在这些淡泊专注的科学家的努力下，我们一定能够实现高水平科技自立自强。

李红梅

张庆连:
50余年专注榆树良种选育

　　凌晨5点，天还没亮，河南省获嘉县太山镇小北庄村的张庆连就准时出了门。他舒展了一下筋骨，一路小跑，来到了位于获嘉县林科所的榆树基因库。

　　在这座张庆连一手建起来的榆树基因库里，生长着19种珍贵的榆树品种。树干通直、挺拔，树冠狭窄、规整，19个榆树品种里最引人注意的那个，叫作"钻天榆"。榆树的环境适应性强，木材材质好，是一种绿化、用材的优良树种。作为"优中之优"的钻天榆，自20世纪70年代被选育、定名以来，迄今已被推广到16个省份，累计栽植

1亿株以上。其中，离不开张庆连的努力，可以说，他一生育树成林，绿了一片黄土地。

2020年12月，张庆连被中央文明办评为"中国好人"，他自己却十分谦虚地说："只不过是种了几棵树。"

带上开水和馍馍，深入荒山野岭，花费6年找到"钻天榆"

张庆连，1946年出生于河南省获嘉县，从小就对榆树有特别的好感。门前的老榆树陪伴了幼年的他，后来老榆树的树干被用来盖房子了。栽下新树苗后，小榆树又伴着张庆连一起长大。"出门抱一抱，放学看一看，下雨摸一摸，榆树成了我最亲密的伙伴。"张庆连回忆，初中毕业后，他毫不犹豫地选择到获嘉县太山林场工作，他要继续和榆树做朋友。

"现在，很多人砍了榆树当柴火烧喽！"一名林场职工的话，让张庆连陷入深思。原来，由于当地村民缺乏培育优良树种的意识和方法，长期的自然变异、杂交后，当地的榆树种群已经退化。低矮、歪斜、生长缓慢等是当地榆树的普遍特征。挡不住风、做不了房梁，农民只好砍了榆树当柴火烧，改种其他树种。

张庆连不忍心看着榆树在当地消失，但寻找优良树种谈何容易。当地的榆树有千万棵，一到春天，花粉随风飘荡，是否还有优良榆树品种能够在"劣质"种群基因包围下存活下来呢？

"我一定要找到好的榆树品种！"张庆连暗下决心。工作日，他白天参加林场劳动，晚上挑灯查阅资料，节假日则出去寻找优良树种。每天带上开水和馍馍，张庆连一找就是6年。这就像是大海捞针，还真让张庆连找到了。

一年夏天，艳阳高照，正在辛章村河边乘凉的张庆连，猛一抬头，远处一棵生长旺盛、主干挺拔、树冠狭窄的榆树引起了他的注意。张庆连从当地农民那里得知，在这片同时种下的榆树里，这棵长得最高、最壮。张庆连十分兴奋："踏遍千山万水，终于找到了优良的榆树品种！"

第二年春天，张庆连爬上这棵树采籽，几上几下，装了几大麻袋榆钱。在他的悉心照料下，竟然培育出了两万多株小树苗，并且长得快、树形好，远远超过同时种下的对照组树苗。

1978年，中国林业科学研究院的专家考察组正式将这种榆树新品种定名为"钻天榆"。听到这个消息后，获嘉县周边地区纷纷过来引种。如今的钻天榆，不仅成为获嘉县的绿化主力树种，也被选为"三北防护林"的优质树种，在全国多地推广。

建立榆树基因库，推广优良树种，
帮助获嘉县提升林木覆盖率

找到钻天榆后，张庆连的人生轨迹也跟着发生了改变。1975年，29岁的张庆连经太山镇党委推荐，被破格录取到百泉农专读书。学习机会来之不易，在校期间，张庆连十分刻苦，成为当时该校唯一在校时出版书籍的学生，书名就叫《榆树》。学成归来后，1979年，张庆连来到获嘉县林业科学研究所成为一名研究人员。

"榆树来自深山，一定还有更优良的榆树基因！"怀揣这个信念，张庆连不顾辛苦和危险，多次进入太行山、伏牛山、大别山以及嵩山、燕山等多地的森林中，在人迹罕至的地方，遍寻"养在深山人未识"的榆树新品种。有一次，他肩扛30多公斤树种树苗，沿着悬崖峭壁艰难下山，险些掉下悬崖。到了平地，树种树苗完好无损，他的右肩却受伤了。

功夫不负有心人。张庆连陆续从深山之中寻到了七八个新的榆树品种。1982年，他带头建起了我国首个榆树基因库，里面包含他自主发现或从其他地方引种而来的优质榆树种，不仅引起了国内的重视，还引起了国外林业研究专家的注意。1985年，应美国一位林业专家的请求，张庆连培育的一株良种榆树漂洋过海，进入了美洲林业研究资源库。如今，这个榆树基因库里生长着19种从世界各地发现并引种而来的珍贵榆树品种。

在张庆连的引领和带动下，获嘉县的林木覆盖率从 5% 增长到 18%，如今更是接近 25.2%；获嘉县先后被评为全国首批"平原绿化先进县"和"全国林木良种先进县"。张庆连也获得了"全国农林科技推广先进工作者"荣誉称号。

青山因树木茂盛而绿，如今获嘉县的黄土地，也因张庆连几十年如一日的努力而铺上了几抹厚重的绿色。

给农民传授新技术，为年轻人讲好生态课

1982 年，从河南省劳模大会归来的张庆连一回到家，就对爱人王艳枝说："咱们把承包苗木赚的钱拿出来，把村里 80 多个小学生的学费全包了吧！"这一下就要支出 350 多元，相当于当时张庆连家庭 9 个月的收入，但他的妻子却毫不犹豫地同意了。1986 年，张庆连又把自己出书的稿费 360 元全部捐给了县直幼儿园。他对园长说："我这辈子就重视两件事，种树和育人。种树是我擅长的，一直在做。育人是您擅长的，一定要好好教孩子们！"

1984 年，张庆连担任了获嘉县林业局局长，直到退居二线。"2006 年退休后，我总劝他歇歇，可他从来不听。"王艳枝说，张庆连买来了手提电脑和投影仪，精心制作了上百个农林方面的课件，深入田间地头，为农民讲解最新技术。随着智能手机的普及，张庆连陆续建起了包括葡萄、核桃、柿子、苹果等多个树种的微信交流群，定期发送管理、

技术要点，并回答农民的问题咨询……

"只有和树在一起，我才感觉踏实。"退休后的张庆连不住在县城，在小北庄村的老宅基地上，盖起了一座生态园：将生态理念融入传统住宅，庭院既绿树成荫，也充满文化气息，被人们称为"生态家园"。一到夏秋季节，这座"生态家园"绿意盎然、充满生机。葡萄满架、银杏挂果，老树苍劲，新苗葱郁，一棵杏树嫁接了7种果实，尝一尝，个个香甜可口。

"生态家园"建成以来，每年都会有很多中小学生前来参观学习。张庆连给孩子们授课，普及生态知识，还带他们到附近的树林里感受大自然的魅力。如今的张庆连，坚持锻炼、身体健康，每日照看他自己栽种的榆树林。他说："我现在没有更大的追求了，就是想为年轻人讲好一堂生态课！"

● 人 物 小 传

张庆连：1946年生，河南省获嘉县人，50余年专注于榆树良种选育工作。他用6年时间，找到了一种具有较高生态和经济价值的榆树新品种——钻天榆，并建起了我国第一个榆树基因库。他选育的钻天榆迄今已被推广到16个省份，累计栽植1亿株以上。他曾获得"中国好人""全国农林科技推广先进工作者""全国离退休干部先进个人"等荣誉。

（原载《人民日报》2023年3月30日）

一生播绿　育树成林

　　培育优质树种"钻天榆"、建起资源丰富的榆树基因库、退休后继续为农民普及农业技术……张庆连始终牵挂榆树育种，牵挂着家乡的乡亲们。从懵懂少年到年过七旬的老人，岁月沉淀为书桌上发黄泛白的工作笔记，每一本都浸染着他对林业事业的热忱，记录着他一生的研究轨迹。

　　予我丝绿，奉以千顷碧林。如今，获嘉县的山变绿了，林木覆盖率逐年提升，张庆连的梦想正在一点点实现，但他依旧没有停下脚步。在老家的宅基地上，他盖起了一座生态园，接待中小学生，为他们讲好生态课。在这一方土地上，他继续坚守着林业事业，同时播撒着爱绿护绿的理念。

吴　凯

胡值朝:
这里的每一棵树我都有感情

　　一场雪盖住了湖北省竹溪县十八里长峡国家级自然保护区的山林。天刚放晴,雪还没有完全消融,年逾古稀的胡值朝已闲不住了。他匆匆吃过早饭,换上那双已穿到变形的解放鞋,装一小瓶苞谷酒,拿上望远镜,肩挎背篓向山里走去。

　　胡值朝每年巡山护林超过 180 天,行程超过 10 万公里,他的足迹遍布保护区里的每个角落。胡值朝说:"这里的每一棵树我都有感情。只要天气晴朗,我都要上山去看一看。"

"人不能光想着自己，要为更多人着想"

时间已过 9 点，清晨的阳光已从山顶移到山腰，洒在参天的杉树林上。胡值朝正大步流星地行走在林间，他偶尔停下脚步，抬头往上看，阳光照映下的杉树显得越发青绿。"这些树都是我种的，最开始的时候还没有我高嘞。"胡值朝摸着身前一棵胸径 30 厘米的大杉树，若有所思地说。

40 多年前，胡值朝所站的地方还是一片荒山，光秃秃的。"当时大家到处开荒种地，树木也被砍得差不多了。"胡值朝说，保护区是山地地形，土壤较浅，不易存肥，荒山越开垦越贫瘠。越贫瘠，老百姓就越想开垦新的荒地，这样的恶性循环持续了很多年。

1983 年，竹溪县为了鼓励村民种树，实行谁种树谁受益的政策。作为当时竹溪县双桥乡双坪村的党支部书记，胡值朝想做个表率。第二年一开春，胡值朝拿出积蓄买来树苗，劝说家人跟他去荒山上种树。

4 年间，胡值朝一家共种了 18 万株杉树，造林面积达 576 亩。

1988 年，县里建立十八里长峡县级自然保护区，并成立国营采育场。胡值朝所在的村子被划入其中，个体山林要补偿性回收。村民们觉得补偿标准低，回不了本，但胡值朝主动将 576 亩自有杉树林全部转交了出去。胡值朝说："虽然我们辛苦地种了这些树，但交出去能得到更好的保护，能给子孙后代留下一片山林，值了。人不能光想着自己，要为更多人着想。"在他的带动下，村民们纷纷将自家的山林交给国营林场。

如今，保护区里的荒山已全部被森林覆盖，胡值朝上交的杉树都已长到了 10 多米高……

"看着繁星点点，听着松涛阵阵，我觉得很幸福"

越往山上走，胡值朝走得越慢。再翻过一个小山坡，他体力明显消耗了很多，稍显急促的呼吸使得嘴里呼出的雾气更白了些。"现在老了，走几步就累了，以前我每天巡山要走六七十公里。"胡值朝一边走，一边说起自己当护林员的往事。

国营采育场成立的第二年，场里招聘了第一批护林员，当时有十几个人，胡值朝就是其中之一。胡值朝每天早起巡山，忙到天黑才回家；饿了就吃身上带的干粮，渴了就喝山里的泉水。有时一天下来走得太远，他干脆在山里休息，月亮为灯，星空为帐。"看着繁星点点，听着松涛阵阵，我觉得很幸福。"胡值朝说。

2001 年，和胡值朝一起植树造林的儿子生了重病，有人劝胡值朝把杉树林要回来，卖树给儿子治病。他说："我永远不会动卖树的心思。"儿子去世后，胡值朝巡山更勤了。"只有守好这片林子，我心里才踏实。"胡值朝说，想念儿子的时候，他会摸一摸树干，觉得就像在抚摸自己的孩子。

巡山面临很多危险，许多深山都没有路，胡值朝经常在悬崖边上行走，一不小心就会滑倒。除了护林，胡值朝还要拆除不法分子布设的各种捕猎器械和陷阱。稍不注意，自己也会受伤。

别人买鞋都是按双买，他却按箱买。"一箱24双的解放鞋，按箱买更划算，可供我穿四年。"胡值朝算了算，"每次买几年的鞋，不仅能优惠，这些鞋还能激励我坚持走下去。"

一年又一年，胡值朝一直行走在山林间，见证了一代又一代护林员的成长。"不论是年轻护林员新上岗，还是科研人员来考察，都是我来当向导。哪里的树长什么样，我最清楚。"胡值朝自豪地说，3万多公顷的林区地图，全都刻在他的脑海里。

"守好林子，培育好苗木，一生就值了"

再往山上走，坡更陡峭，胡值朝停了下来，他再也爬不上去了，只好往山下走。回到家中，吃过午饭，胡值朝又匆匆往3公里外的苗圃基地走去。

胡值朝看护的珍稀植物苗圃基地建于2013年。当时胡值朝已退休6年，保护区管理局最初并没有考虑让他参与进来。胡值朝知道后，主动要求参加："很多珍稀植物是我发现的，对于它们的培育，我很了解。"

2002年，胡值朝引导中科院武汉植物所的专家在保护区里发现了第一株小勾儿茶，此前该物种已被宣布灭绝。

小勾儿茶的再次出现让胡值朝兴奋不已，他跑遍了保护区的每座山头，又发现了43株野生小勾儿茶。

胡值朝采集了它们的种子，播种在一处少有人去的悬崖坎上。第二年，263株小勾儿茶破土出苗。后来，武汉大学两名专家来保护区考察，肯定了胡值朝的成果。给科考人员当向导多了，胡值朝对山里的珍稀植物也逐渐了解。在《竹溪植物志》中，2000种植物标本的采集和资料编纂，都有胡值朝的功劳。

2014年，在胡值朝的带领下，近百亩大小的珍稀植物繁育基地建成，当年繁育的小勾儿茶、红豆杉、珙桐等国家级重点保护植物就达80多种。繁育基地建起来后，胡值朝更忙了。去年，保护区管理局又扩建了60亩的珍稀植物繁育基地。胡值朝说："我不懂什么大道理，守好林子，培育好苗木，一生就值了。"

这些年，胡值朝获得了不少荣誉，要走出大山到大城市领奖。常常没待几天，他就想着回山里，"我就是闲不住，每天只有去林子里转转，才安心"。

如今，每年都有不少游客慕名来到十八里长峡。吃上"生态饭"的村民大多从山里迁了出来，住进了宽敞明亮的新楼房。家人也想把胡值朝接出去，但胡值朝拒绝了。"山林也是我的亲人，繁育基地的苗木也是我的孩子，我离不开它们。"说完，胡值朝转身走向红豆杉的苗圃里……

（原载《人民日报》2022年1月20日）

胡值朝：1948 年出生，湖北省十堰市竹溪县十八里长峡国家级自然保护区退休护林员。从 1983 年起，他在荒山造林 576 亩，拯救珍稀濒危植物小勾儿茶，成功繁育红豆杉、珙桐、小勾儿茶、鹅掌楸等珍稀名贵植物。2016 年 6 月被授予"全国绿化劳动模范"称号。

心怀理想　向阳生长

穿烂了 100 多双解放鞋，行程 10 万多公里，拯救多种珍稀植物……多年来，胡值朝以山为家，以林为伴，饱含热情种出了一片翠绿，守护山山水水。

胡值朝始终心怀理想，向阳生长。辛辛苦苦种树，只要国家需要，他就毫不犹豫地将它们全部捐出去；兢兢业业护林，哪怕生活再难，他也没有想过砍树卖钱。面对别人的不理解，他说："人不能光想着自己，要为更多人着想。"面对村里人的质疑，他说："保护林场就是保护国家生态安全。"

踏遍青山人未老。虽年过古稀，可胡值朝依然坚守如初，继续在平凡岗位上默默奉献，在绿水青山间勇毅前行。

吴　君

周昌栋：
坚持五十载　架桥跨江河

　　天气放晴，阳光把湖北宜昌伍家岗长江大桥照得越发明亮。桥墩旁的项目部办公室里，周昌栋身着一件黑色外套，坐在桌前认真地翻阅资料，手不时扶一下眼镜。"这座大桥已正式通车，我手头正在忙着一些收尾工作。"周昌栋对记者说。

　　周昌栋已年过七旬，与桥梁打交道近50年。现如今，他每天早上7点出门直奔项目部办公室，晚上7点才回家。身边的人劝他多休息，他总是这样回答："每一座桥都像我的孩子一样，早已融入了我的生命。"

"天堑变通途，让山里的老百姓都能'走'出来"

周昌栋是湖北宜昌人，1969年念完初中后，他到了宜昌市长阳土家族自治县榔坪公社（现榔坪镇青岭头村）当知青。在下乡途中，他和同伴遭遇大雪，徒步3天才到达目的地。

"当地老百姓的生活条件太差了，因为交通不便，村里有一半人没去过集镇，到过县城的不超过10个。"周昌栋回忆，由于山高路陡，他们去5公里外的镇里买盐和煤油都要花大半天的时间。看到满山的核桃、板栗、梨子等山货烂在地里，周昌栋更是心痛不已，他暗下决心："天堑变通途，让山里的老百姓都能'走'出来。"

1972年5月，周昌栋被当时的宜昌地区公路总段录取，成了一名养路工。当年10月，周昌栋进入湖北公路工程学校学习。

在学校里，周昌栋十分珍惜来之不易的学习机会，即使是周末也一直泡在图书馆里。除了学好指定教材，他还想尽一切办法研读有关公路桥梁方面的书籍，并把攒下的生活费全部用来买书。"我永远忘不了老师对我说的话：'我国的桥梁建设必须要有自己的专家队伍。'"周昌栋说。

两年后，周昌栋以优异的成绩毕业，回到了宜昌地区公路总段，跟着老技术员一头扎进山里，参加桥梁涵洞设计。1976年9月，周昌栋设计了当年宜昌地区最大的石拱桥——宜昌市秭归县水田坝乡的变截面拱桥，跨径 50 米。桥不长，但周昌栋特别认真，"这是我独立设计的第一座桥，不能有任何一点闪失"。作为技术总负责人，周昌栋每天吃住在工地，晚上点着煤油灯看图纸。一年之后，石拱桥顺利建成通车。

随着经验越来越丰富，年轻的周昌栋成了队伍中的技术能手，但他并不满足，一有时间就继续读书、写论文。"我学历不高，总觉得知识储备不够。"1984 年，周昌栋迎来了第二次进修机会……

"如果永远墨守成规，我们又怎么能进步呢"

当时，国家有关部门计划培养一批公路桥梁建设方面的高级人才，集中送到重庆交通学院（现重庆交通大学）学习。周昌栋被工作单位推荐参加选拔。"我当时还在项目工地上，接到考试通知时，只有不到 1 个月的准备时间。"为了不辜负期望，周昌栋每天都只睡 3 到 5 个小时，最后以湖北省第二名的成绩进入了大学。

在大学期间，周昌栋系统地学习了工程学、图论、数学等课程，这让他的桥梁知识积累得很快。学成归来后，周昌栋被安排负责设计宜昌的普溪河大桥。建造这座桥时，周昌栋推翻了原来的"重力式挡土墙"设计方案，提出了新方案。

"这种方案不仅能节约大量耕地，造价也低，桥建成后还更美观。"周昌栋的想法引来了一些争议，身边的朋友也劝他："别为了新花样，真出了问题……"

"新方案是有科学依据的，只要按科学方法建，风险是可以避免的。"周昌栋认为，"作为一个搞技术的，如果永远墨守成规，我们又怎么能进步呢？"在他的坚持下，带着严密的科学论证，新方案获得了评审会专家的认可。

1986 年 10 月，普溪河大桥正式开工。周昌栋带着行李，住进了工地。当地老百姓见来了一个年轻人负责建大桥，直摇头。"大工程师都不一定能搞成，来个毛头小伙子怕是不行哟！"面对质疑，周昌栋反而更加坚定："我一定要把大桥修好！"

平时，周昌栋说话轻声细语，但一到工地现场，他总是非常严厉，对每一个细节都不放过。两年后，普溪河大桥通过了高荷载试验，周昌栋终于松了口气。这时，他瘦了整整 10 斤。1991 年，这项工程获得了湖北省科技进步三等奖。

有了这次成功经验，周昌栋建桥的机会越来越多，不少荣誉也随之而来，但他心底一直藏着一个梦想，那就是修建一座长江大桥。

"只要是桥梁的事情，我从不会觉得疲倦"

1996 年 11 月，宜昌长江公路大桥工程可行性研究报告被国家批复。宜昌长江公路大桥是大跨径悬索桥，此前，中国人还没有在长江上完全独立建设过这类桥梁。重任落到了周昌栋的肩上。

"虽然这是我的梦想，但要我任总工程师，我经验不足，怕做不好啊！"起初，周昌栋有很多顾虑。单位领导说，如果宜昌早一点有了长江大桥，两岸的老百姓出行不仅安全很多，也不用看天气渡江了，"你不去，谁去？"

一句话唤醒了周昌栋年轻时在心里立下的誓言，他毅然接下了任务，成为宜昌长江公路大桥建设副指挥长兼总工程师。周昌栋为自己立下了一个目标：攻克大跨径悬索桥关键技术难题，提升我国桥梁建设技术水平。

在建设宜昌长江公路大桥期间，周昌栋不仅负责大桥设计、施工全过程的技术管理，他还与同事用放大镜逐个检查钢箱梁上钢板的锈点，"任何锈点都可能对桥梁的安全及寿命有极大影响，哪怕锈点比米粒还小，我们都要找到，把它们打磨干净。"周昌栋说，"施工建设，一点失误都出不得。"

周昌栋和他的技术团队不仅攻克了索塔、锚碇、主缆等施工技术难题，还创造了 20 多项特大型悬索桥关键技术成果；他主持编制的《宜昌长江公路大桥工程专项质量检验评定标准》，为我国制定特大跨度悬索桥质量检评标准提供了许多有价值的参考依据。2001 年，宜昌长江公路大桥通车运营。

2012 年 10 月，宜昌市决定修建宜昌至喜长江大桥，已退休两年的周昌栋又一次被邀请担任总工程师。宜昌至喜长江大桥长江段是国家一级保护动物——中华鲟洄游产卵地，为了保护珍稀鱼类，周昌栋不仅否决了在江心建桥墩的方案，还增加了多项环保措施。

年纪越大，周昌栋越拼。哪怕是腿受伤了，简单包扎之后，他又跑去工地。有一次，周昌栋突然在工地上倒下了，昏迷了好几天，醒来第一件事就是问工地的情况。

如今，周昌栋依然闲不下来，晚上回到家，他继续撰写桥梁建设方面的著作。"只要是桥梁的事情，我从不会觉得疲倦。如果能再年轻一次，我还是会选择修桥铺路。"周昌栋说。

（原载《人民日报》2022年3月25日）

人物小传

周昌栋：湖北宜昌人，1950年生。参与宜昌长江公路大桥、伍家岗长江大桥等百余座大桥的勘察设计和修建，先后撰写了80多篇有关公路桥梁方面的学术论文、4部技术专著。获得过鲁班奖、詹天佑土木工程奖，曾被评为全国科技先进个人、全国交通系统优秀科技工作者。

奋斗者永远年轻

　　乌黑的头发，可亲的笑容，身形矫健，精神矍铄，这是周昌栋给人的第一印象。从千沟万壑的大山，到浩浩荡荡的长江，时间没有在他身上留下太多沧桑的痕迹，山川江河没有阻断他心中的梦想。从来就没有什么困难能打败一个奋斗者，因为奋斗者永远年轻。

　　一生修桥，周昌栋淡泊名利，他想得最多的是老百姓的幸福。怀着这份信念，面对别人的质疑，他能顶住压力证明自己；面对未知的领域，他敢于接下重任不断创新。即使可以安享晚年，他也没有停下脚步，继续默默践行曾经在大山里立下的誓言。

　　周昌栋的奉献，不仅为他赢得了荣誉，带来了尊重，更增加了他人生的宽度、生命的厚度。

吴　君

管开云：
一生热爱　守护花开

　　赶在管开云回新疆前，记者见到了这位中国科学院昆明植物研究所研究员。年近70岁的他依然坚持在科研一线，身担多项重任。

　　管氏秋海棠、开云山茶花，这两种植物都是以管开云的名字命名的。可说起他的研究之路，实际上并不平坦。管开云23岁参加青藏科考，36岁才开始系统地学习植物学，因为对秋海棠的深入研究，54岁拿到博士学位。57岁时，管开云从云南来到了新疆，参与提升改造吐鲁番沙漠植物园，新建伊犁植物园，升级改造新疆自然博物馆。

"与其求全，
不如为能适应极端环境的特色植物腾出空间"

"刚到乌鲁木齐，当地的天气就给我来了个'下马威'。"2010年3月，管开云冒着大雪到新疆报到，一下车就差点滑倒。

一年前，管开云到新疆出差，时任中国科学院新疆生态与地理研究所党委书记田长彦希望他能到新疆来工作，后来，时任所长陈曦又专程到昆明邀请他。"我不太了解新疆的植物保护工作，不知道去了能做些什么。"管开云一开始没敢同意，但是当借调令摆到他面前时，他毅然接受任务。

"我是党员，必须听从组织安排。"管开云一到新疆，就花一个月时间走遍了吐鲁番沙漠植物园的每个角落。"气候干旱，但植物园却引种了不少耗水量较高的植物，很难养护。"

"与其求全，不如为能适应极端环境的特色植物腾出空间。"在管开云和同事们的努力下，如今吐鲁番沙漠植物园已成为中国最具沙漠特色的植物园之一。

"高山、河谷、绿洲的植物同样需要得到保护和开发利用，也应该有新的植物园收集保存这些植物。"翻地图、读文献、查数据，管开云将目光聚焦在了伊犁河谷。

"既要考虑生态保护需要，还要考虑交通便利，有利于未来开放做科研、科普……植物园的选址特别讲究。"58 岁那年，管开云走遍伊犁河谷，终于在新源县找到了一片野果林。"那里的野苹果长势不错，是不少苹果品种的发源地，既可保护基因资源，又适合建设特色植物园。"管开云说。

不过，当时的野果林正遭遇苹果小吉丁虫危害，一株株果树眼见就要成片枯死。于是，管开云带着当地工作人员，在植物园开建前，开展抢救性保护工作。

如今，通过人工繁育、自然更新，野果林的野苹果已恢复了近 60%，而集科学研究、物种保育、科普教育、休闲观光于一体的伊犁植物园也从无到有，初步建成。

"吸引游客来参观，才能让更多人了解植物、热爱自然"

为何非要将临近退休的管开云借调到新疆工作？在中国科学院昆明植物研究所昆明植物园或许能找到答案。

春有茶花，夏有睡莲，枫香大道在秋阳下层林尽染，寒冬里扶荔宫温室的秋海棠依然绽放……如今的昆明植物园，四时风光不同，各有特色。

1995 年，管开云接手昆明植物园。"植物园关键是植物的保育、研究、科普，可刚接手时，我们连昆明植物园里到底有多少种植物都弄不清楚。"摸家底，必须马上做。管开云组织职工梳理统计，原本预计有四五千种植物，统计完发现不到一半。

为了收集保存更多珍稀濒危植物，需要筹措资金，管开云想到了向社会开放。这个想法一提出，反对声不绝于耳："每天有那么多人来参观，咋保护植物？"管开云力排众议，开始给植物挂上名牌、做科普，逐渐积累资金打造植物园景观。"吸引游客来参观，才能让更多人了解植物、热爱自然。"

从几棵草、一片林，到成为热门科普打卡点，管开云和同事们的努力，让昆明植物园不再只是一个物种保存场所，更成为科研的平台。

管开云坦言，自己在植物学领域的积累，源自对植物的热爱。1976年，英语专业出身、在中国科学院昆明植物研究所做翻译的管开云，主动申请参与青藏科考。白天采集标本，晚上压标本、换吸水纸，经常干到凌晨四五点，早晨七八点起床又继续科考。

"采集时看活植物，做标本时对照名称，压标本时又得看一遍，时间久了慢慢就认识了。"管开云说，科考结束后，他又找来植物学教科书自学，翻译、阅读植物学文献，了解最新科研动态。

"一辈子也干不了几件事，那就做好眼前这件事"

36岁那年，管开云申请到海外系统地学习植物学。也是从那时起，管开云接触到了秋海棠属植物的保护和研究领域。这类植物在云南野外随处可见，也成为管开云一辈子的研究方向。当时已有团队做了分类学研究，但保护和育种研究在国内还比较欠缺。管开云和团队首先将精力放在了种质资源收集和保存上。

秋海棠野外分布狭窄，品种又多，经常在一个山洞里就是一个特有品种。而且，越是珍稀濒危的，分布点就越难到达。为了收集秋海棠，管开云几乎走遍了云南的山林陡崖。一次，管开云看到一株秋海棠长在悬崖上，年近六旬的他不顾危险攀石而上，"那株秋海棠肯定是稀有品种，我们应该收集保护起来"。

通过20多年积累，国内外几百个品种的秋海棠在昆明植物园都有了备份。好不容易收集到的"家底"，管开云却送给了国内多地的植物研究机构进行备份。管开云说："植物不是我的个人财产。送出去备份，可以更好地保护秋海棠。"

保护见成效后，管开云和团队将更多时间花在了秋海棠品种选育上。而这条路，并不比到悬崖峭壁上收集稀有品种容易。

要想培育一个品种，需要开展不同植株间的杂交，一次授粉结出上万颗种子，性状表达千变万化，结果难以预测；从上万棵植物中选出性状合适的继续繁育，才能找到性状稳定的品种。几代选育，耗时三五年是常事。经过多年的努力，管开云和团队共培养出了27个秋海棠新品种，获得国家发明专利10项。

如今，管开云将秋海棠研究的接力棒传到了学生们手里，自己把更多精力留给新疆的植物保护工作。"伊犁植物园的建设还在继续，植物园温室建设更需要时间……"已经过了退休年龄，管开云依然干劲十足，他说："我现在只想做我想做的事，做我会做的事。一辈子也干不了几件事，那就做好眼前这件事。"

（原载《人民日报》2022 年 4 月 26 日）

管开云： 1953 年生，中国科学院昆明植物研究所研究员，现借调担任中国科学院新疆生态与地理研究所伊犁植物园主任。主要从事保护生物学和花卉资源学研究，先后对杜鹃花属、山茶属、秋海棠属等植物进行系统研究，获得 10 项国家发明专利。参与了昆明世界园艺博览会的总体规划工作，主持完成了世博园大温室的建设和布展。

专注科研　始终如一

　　记者初见管开云，印象深刻的是这位年近70岁的老人神采奕奕，两鬓微白但精神矍铄，穿着朴素、步履轻盈。深入了解，才知这位老人一直奔波"在路上"。

　　管开云说："热爱植物的人，永远对世界充满好奇。"回忆起从前参与秋海棠野外资源调查，他远远看见一株秋海棠长在悬崖上，年近六旬仍不顾危险爬上去瞧瞧。正是这样的热爱与专注，才让他取得了不凡的成绩，为我国植物采集保育工作做出重要贡献。

　　采访中，管开云多次说："我只是在做我热爱的事。"科研需要专注，而专注离不开始终如一的热爱。

　　　　　　　　　　　　　　　　杨文明

汪家平：
守护文物古迹　留住历史记忆

"一辈子看守文物，闲不住了。"黄山区文物事业管理中心文物管理员汪家平说。

夏日炎炎，蝉鸣声声。作为典型的皖南村落，永丰村美景如画。

永丰乡位于安徽省黄山市黄山区西北部，三面环山，南面临水，下辖 4 个行政村，其中永丰村的人文历史资源最为丰富。

永丰村的历史，可追溯至东晋太和年间。悠久的历史，孕育出不少历史人物。元代广东肃政廉访司副使杜国贤、近代镇海战役中功勋卓著的民族英雄杜冠英、徽商苏成美、学者苏继廎等人物，都来自永丰。

"不能直接刷油漆，要先用水把木板之间的灰尘清洗干净才行。"初见被返聘为黄山区文物事业管理中心文物管理员的汪家平，只觉得他是一位和蔼的老人，头发花白，却精神矍铄，脸上始终挂着微笑。身材并不高大，但腰杆笔直。此时，他正在村里一座清代古宅的修复现场监工。

古宅里，竹子搭起的框架密密麻麻，不时有工人穿梭其间。汪家平也不闲着，屋檐上的雕刻，窗户上的雕花，他都细细检查。

"这是一幢清朝咸丰年间的古宅，不算太久远，但它的特别之处在于后院，你看……"说着，汪家平拉着记者，紧走几步来到后院，指着二楼屋檐上的雕花说，"这种两层的花楼可不常见……"聊起这些，汪家平颇为兴奋。

想方设法，几百次劝阻文物损毁和倒卖

汪家平1972年应征入伍。5年后，23岁的他退伍，来到永丰乡文化站工作。在很多人看来这是个好工作，但汪家平却愁得直挠头。

"我没读过什么书，也没有多少文化，怎么能做文化工

作呢？"回忆起这些，年过花甲的汪家平脸上露出一丝腼腆。

怎么办？边学边干吧。汪家平一边学习，一边找人请教。乡里教书的先生、上了年纪的老人、各处管事的前辈，汪家平一有空就登门请教。靠着这股学习劲头，汪家平的工作逐步进入正轨，也渐渐对永丰的历史文化、文物古迹产生了兴趣。

"20 世纪八九十年代，村里经常出现一些陌生人。"汪家平回忆，后来才发现，那些人很可能是盗墓的或者是古董贩子。

在那个还不算富裕的年代，很多村民听说家里的"破烂"能卖钱，高兴得不得了。于是，不少村民打起了自家各种老物件的主意。

汪家平坦言，那个时候大家的文物保护意识还不强。"老祖宗传下来的东西，无论如何得留下来，我觉得，不能让历史只能出现在书本上。"就是这个理，支撑着汪家平做起了文物保护工作。"村里哪些人家里有老物件，多多少少都听说过，谁家经常有陌生人去，我就会留意。"汪家平说。

"不行！不能卖！"这句话成了汪家平的口头禅。为了那些"破烂"，汪家平跟很多村民都吵过架。

"东西是我的，你凭啥不让卖？"每当遇到这样的反问，汪家平总是满脸笑容，热情地跟村民攀交情、拉家常，劝说对方改变主意。

实在不行，他就自己掏钱先买下来，再把文物交给相关部门。"只能苦口婆心地劝、费尽心思地拦。"汪家平回忆，

40多年来，被他发现并成功劝阻的文物损毁、倒卖事件有几百起。

走访村里老人，为古牌坊群修复竭尽全力

在永丰村村口，坐落着永丰古牌坊群。

牌坊群共有5座牌坊，均为清朝当地苏氏门人所建，因此也被称为岭下苏村牌坊群。从牌坊的建制和规模来看，岭下苏村牌坊群仅次于棠樾牌坊群，是皖南地区屈指可数的牌坊建筑艺术代表作。

永丰古牌坊群主要构件采用当地的白麻石制作，其中龙门枋、题字牌、花板采用青石制作。粗大的立柱上平琢浑磨，不加雕饰，全部刻有对称的阳文楹联。额枋和月梁上勾勒了云纹图案，雀替、匾额和檐角均饰有花纹图案。

"你看那一座，叫作四柱三门冲天式……"介绍起村里的文物，汪家平滔滔不绝。

永丰古牌坊群曾因多种原因被损毁，汪家平一直想重修。"这是包括我在内的很多村民的愿望。"汪家平笑着说，"现在，国家的法律法规越来越完善，政府也越来越重视，应该加大修复的力度，这样才能更好地保护文物。"

除此之外，还有一个原因。"村里很多了解文物历史的老人都上了年纪，有些已经不在了。如果没有他们对文物损毁前的描述和回忆，以后就真的修不起来了。"汪家平担忧地说。

于是，从2009年开始汪家平就逐一走访村里的老人，

详细了解牌坊群的历史。"当时我还特意找了一个小伙子，他会用电脑，我们从网上查找牌坊图片，供村里老人对照回忆。"汪家平说。

20世纪60年代，永丰乡为了修建水库，将牌坊群的石材拆掉用于修建灌溉沟渠。好在水库现在还在，汪家平又找到了当年在工地上干过活的老人，询问灌溉沟渠的具体位置。同时，他还找到了水利部门的专家，咨询打捞石材需要挖掘的土方数量和资金预算。"后来，从沟渠里捞出来牌坊群部件375件，差不多是那段沟渠石材的2/3。"汪家平说。

此外，汪家平还在村里找到了不少废弃石材。"其中有一座牌坊的月梁，一直丢弃在路边。几十年过去了，已经成了村民洗衣服的石板。"汪家平说，"幸亏找到了，否则牌坊群里就没有一块完整的月梁了。目前，其他的月梁都是根据这块复建的。"

就这样，汪家平前前后后忙活了5年多，直到2015年，永丰古牌坊群终于复建完成。

不仅是永丰古牌坊群，在育才小学旧址、苏氏宗祠等重要文物的修复过程中，汪家平都承担了大量工作。"我赶上了好时候。"汪家平说，"现在，全社会对传统文化和文物古迹都非常重视，我的工作很有价值。"

精通当地历史文化，助力乡村振兴

"永丰人说永丰事儿，今天呢，汪老师说要带我们去他读过的小学看看。汪老师，学校叫什么名字？"

"育才小学。"

衣着得体、干净整洁，站在摄像机前，面对前来采访的记者，汪家平侃侃而谈。

永丰村入选第一批中国传统村落名录后，抓住乡村振兴的机遇，永丰乡利用自身丰富的历史文化资源，搞起了乡村旅游。但凡跟历史文化沾边的事，汪家平可谓无所不通，俨然成为永丰乡的"旅游资源万事通"。

近年来，黄山区政府加大投入，投资 5000 余万元，完善了古村落基础设施建设，恢复古青石板道路、半月塘、拦河坝、宗祠广场和原有的村庄排水系统，建设了洙溪河两岸的田园风光带，启动绿化、亮化、硬化工程，建设生态停车场等基础设施，维修苏氏宗祠、希范堂、五福庙以及濒临倒塌的苏家私塾、海宁学舍、希贤桥等重点文物。

借此时机，永丰乡大力发展徒步古道、农事体验、摄影写生、国学研习等乡村体验游。近几年，永丰乡每年接待游客超过 1 万人次，旅游收入超过 1000 万元。

这些变化，汪家平看在眼里、高兴在心里。"乡里有清代古民居 42 幢，3 处省保单位，5 处市保单位。"汪家平说，"比如消防检查、安全检查、定期上门走访等，都在我的工作范围内。"

（原载《人民日报》2022 年 7 月 13 日）

人物小传

汪家平：1954 年出生于安徽省黄山市黄山区永丰乡永丰村，1977 年退伍回乡，分配至永丰乡文化站从事文化遗产和文物古迹保护工作，2014 年退休。在他的努力下，永丰乡一大批文物得以留存。2012 年，永丰村被列入第一批中国传统村落名录。目前，汪家平被返聘为黄山区文物事业管理中心文物管理员。

保护好身边的每一件文物

汪家平学历不高，却在文化岗位上工作了 40 多年。他踏实肯干，不断学习，很早就认识到了历史传承和文物保护的重要性，而且身体力行。

更难能可贵的是，汪家平在村民的文物保护意识不强的情况下始终坚持心中的理念。从守住身边每一件文物开始，到完成每一项文物修复工作，"不能让历史只能出现在书本上"的想法朴素、真挚，让他始终在基层文保这条路上坚持坚守。

如今的永丰乡，留存的很多文物古迹都堪称文物珍品。村民和游客的赞叹，都是对汪家平多年坚守的褒奖。

徐　靖

孔祥瑞：
从码头工人到"蓝领专家"

"最近我打算好好研究下智慧港口的技术条件下，流体物品装卸过程中的安全规范问题。"孔祥瑞一边说着一边拿出手机，给记者展示最新收集的案例和图片。退休5年多，孔祥瑞依旧惦记着港口装卸设备技术方面的事。

作为"蓝领专家"、知识型产业工人的代表，孔祥瑞一直用自己的专注、专业践行着"工匠精神"。

把码头当课堂，改造设备性能，
大幅提升全年装卸任务量

1972 年初中毕业后，17 岁的孔祥瑞被分配到天津港工作。不久后，孔祥瑞成为天津港第一代大型门吊司机，他如饥似渴地钻研技术操作。"拿着设备说明书一项一项地啃，不明白的就查资料、找人问。"20 世纪 80 年代，天津港发展驶入了快车道，各种新型设备层出不穷。"那段时间，我自学了力学、机械原理、液压、电工学、材料等学科的知识，为我后面的工作打下了坚实基础。"

"可以没有文凭，不可以没有知识"——这是孔祥瑞特别喜欢的一句话。他把码头当课堂，靠着勤奋学习摸透了不同机械设备的性能。

2001 年，作为当时天津港最大的装卸公司，六公司承担的作业量达 2500 万吨以上，意味着 18 台门机任务总量要增长 30%。担任六公司固机队党支部书记、队长的孔祥瑞也犯了难："18 台门机每年最多能完成 2300 万吨，怎么办呢？"

"我就在设备旁边转悠，我发现，门机抓斗放料时，起升动作间有短暂的停滞，用秒表一掐，有 16 秒左右。如果把这个作业空当利用起来，不就能提高效率吗？"孔祥瑞说，他和队里的技术骨干一起攻关，对指挥门机抓斗的主令控制器进行改造，将手柄移动轨迹由十字形调整成五角星形，使抓斗起升、打开控制点合二为一，大幅缩短了起升之间的停滞时间。

"一周之内，我们改造了所有门机，每台平均每天多干480吨，把公司全年装卸任务量提高到2717万吨，相当于完成了全港27%的吞吐量。"孔祥瑞说，后来，这个操作法被天津市总工会命名为"孔祥瑞门机主令器星型操作法"。

钻研技术创新，获得16项国家专利，为企业创造经济效益超亿元

入行多年，孔祥瑞坚持每天随身携带一个小本子，设备出现哪些故障、什么原因、修理过程、注意事项等内容都一一记录在案。日积月累，他对各种操作技术参数烂熟于心，成为一名优秀的"排障能手"，练就了一项"听音断病"的绝活。

1993年的一天，天津港一台码头门机的旋转大轴承发出异响。"有可能是事故的前兆，也有可能是缺少润滑。"孔祥瑞说，如果不拆卸轴承进行彻底检修，门机以后出了问题，可能会导致再也无法正常工作；但如果拆卸后发现只是缺少润滑，企业将蒙受上百万元的经济损失。

拆不拆？"轴承坏了，必须拆！"仔细听了门机运转时的响声，孔祥瑞果断地决定。

公司调来了900吨的海上浮吊，拆下了轴承，但轴承正面完好无损。"我相信自己的判断，让吊车赶紧把轴承转

过来。"把轴承翻转过来一看，滚珠已经散落出槽，"如果继续使用，后果不堪设想……"

2004年下半年，为了保障"迎峰度夏"电煤抢运，当时调至煤码头公司的孔祥瑞几乎整个夏天没有休息，每天早来晚走，有时甚至吃住在单位。在团队的共同努力下，公司全力提高设备运行效率和推进整体工作进度，圆满完成了保供任务。2009年，针对航运业新情况新任务，孔祥瑞经过调研，建议公司开展"煤炭破碎筛分"业务，并参与了设备选型、招投标、安装调试全过程。公司当年实现收入6500万元，利润4000万元。

多年钻研技术创新，孔祥瑞成长为生产一线的"蓝领专家"。他先后组织实施180余项技术创新项目，获得16项国家专利，为企业创造经济效益超亿元，推动了我国港口系统设备接卸煤炭技术等领域的技术进步。

传承工匠精神，带动更多青年技术工人快速成长

在天津港集团煤码头公司，科技设备部电气综合管理员段凯的抽屉里有一把早已被磕碰得伤痕累累的扳手，"这不仅仅代表着一份传承，更见证了我们港口产业工人从传统码头作业到智慧绿色作业的转型。"段凯说，"当年的煤码头是一个传统的散货码头，孔队跟我说，传统作业模式将来一定会被智能化作业替代，年轻人大有可为！这把扳手就是孔队递到我手中的，同时递给我的还有一份责任。"

　　孔祥瑞先后获评全国劳动模范、全国优秀共产党员、100位新中国成立以来感动中国人物等荣誉，但他谦虚地说："我只是一名工人，我取得的成绩属于整个团队。参加工作以来，我真切地感受到，知识改变命运，劳动创造光荣！"

　　在孔祥瑞的言传身教和影响下，一批批青年技术工人快速成长。近年来，天津港成立了"孔祥瑞劳模创新工作室"，先后开展百余项技术创新项目；天津港"孔祥瑞杯"职业技能大赛也已经连续举办十八届。

　　2017年退休后，孔祥瑞受聘为职业技能竞赛评委。每年，他不仅对参赛选手进行点评，还对这些未来的"大国工匠"们进行培训。截至目前，孔祥瑞已连续参加了七届赛事活动，培训了上百名选手。

　　"孔队指出问题毫不客气，传授经验也毫无保留。"一位参赛选手这样评价，"从坐上驾驶位，系好安全带开始，孔队就仔细研究我们每一位参赛选手的技术细节和工作习惯，并给出具体指导。"

　　孔祥瑞每年都会提前三个月开始职业技能竞赛的相关准备工作，赛后还要针对每位选手的技术特点、存在问题进行复盘。"各地高手一起交流，才知道自己的短板到底在哪儿。来参赛的都是各个港口的好苗子，除了竞赛，更要通过他们的规范操作，影响更多从业者，把好港口装卸业务的安全关、技术关、质量关。"孔祥瑞说。

　　如今，孔祥瑞依旧牵挂着港口事业，也感受到了天津港这几年的新变化，"特别是这两年，全球首个零碳智慧码头、全物联网码头等在天津港诞生。这对产业工人提出了更高更新的要求，要持续学习、苦练内功，让自己的职业技能始终和技术发展保持同步"。

"孔队当年和我说的，如今都变成了现实。"段凯说，"所有装卸煤炭系统化设备都采用全自动无人化设置。源头抑尘、污水回收、景观绿化、防风网建设……"对于天津港的变化，段凯如数家珍。

"我要不遗余力地把自己的经验传授给更多年轻人，将工匠精神传承下去。"孔祥瑞说，"有耕耘必有收获，每个人都应在平凡的岗位上兢兢业业，努力创造出不平凡的业绩！"

（原载《人民日报》2023年3月23日）

人物小传

孔祥瑞：1955年1月生，天津市人，天津港中煤华能煤码头有限公司一队（孔祥瑞操作队）原队长，天津港（集团）有限公司科学技术协会原副主席。在工作中，他坚持边干边学，学以致用，练就了"听音断病"的绝活，成为"排障能手"。他先后组织实施180余项技术创新，获得16项国家专利，为企业创造经济效益超亿元，荣获全国优秀共产党员、全国劳动模范等荣誉称号。

爱岗敬业　钻研创新

再见孔祥瑞，这位已经退休的"老模范"给人感觉还是闲不住。他说："劳动者永远年轻，我愿意把自己的所有经验都传递给新时代的港口工人。"

爱岗敬业，苦练技能，钻研创新。40多年的职业生涯，孔祥瑞留下了30多本工作日志。他常说，产业工人，干事创业要能顶得上去，琢磨技术、学习知识要能坐得下来。正是凭着这股子精气神，孔祥瑞先后组织实施了180余项技术创新，获得了16项国家专利，为企业直接创造经济效益超亿元。

伟大源于平凡，劳动创造光荣。新时代的产业工人，需要具备怎样的素质，如何实现自身价值？孔祥瑞用行动给出了自己的答案。

靳　博

张鹤珊：
一砖一瓦　一生守护

　　天刚蒙蒙亮，年近古稀的张鹤珊就已经踏上山路，开始巡护长城。一把镰刀、一只编织袋，是他的标配。

　　一路割除杂草，捡拾垃圾，查看城墙……"大家都叫我'长城活地图'，这可不是凭空得来的，是靠我的双脚一步步走出来的。"说起这些，张鹤珊颇为自豪。

　　守护长城的路，张鹤珊一走就是45年。"长城是我生命的一部分，只要我还走得动，我就要一直守着它。"张鹤珊深情地说。

每天6公里，巡护长城已成为他生活的一部分

皮肤黝黑、头发花白，这个花甲老人走起山路来健步如飞。每天巡护6公里、查看23个城楼，最快的时候，张鹤珊只用不到4个小时即可完成。巡护长城早已成为他生活的一部分，"每天都得巡一遍，不去看看心里就不踏实"。

张鹤珊生于秦皇岛市海港区城子峪村，村子后山便是连绵起伏的长城。"守护好长城是我一直就有的想法。"以前，忙农活的他只能偶尔上山去看看，真正让他踏上巡护长城之路的是"黑家楼"里一块丢失的石碑。

"黑家楼"是长城上的一个城楼，离张鹤珊家不远。有一次，他在"黑家楼"里看到一块石碑，没想到，不久后，这块石碑不翼而飞了。"石碑上记录着长城的历史，碑没了太可惜了。"几天后，他不顾妻子的反对，义无反顾地上了山。"祖先修长城，我来守长城。守住长城，就是守住我们自己的根。"张鹤珊坚定地说。

从平顶峪到董家口，这段长城约10公里，刚开始时，张鹤珊走完一遍就要花近一天的时间。周围树高路陡，磕着碰着是常事。"最怕的还是夏天的野蜂，被蜇了脸就肿得像个馒头。"不过，这些都难不倒张鹤珊，真正让他犯难的是乡亲们的不理解。"有人叫我'闲事篓子'，说我瞎管闲事。"可张鹤珊有一股倔劲儿，"总有一天，时间会证明我做的是对的！"

时间的确给出了答案。2002 年，董家口长城景区设立，带火了当地的乡村游，张鹤珊一下子成为当地最受欢迎的人。2003 年，秦皇岛市建立长城保护员制度，张鹤珊成为首批长城保护员。他守护的这段长城，保持了明长城的原始风貌。在他的带动下，越来越多的村民加入保护长城的队伍中。

走访村里老人收集故事，
为研究长城文化留下更多素材

对张鹤珊来说，长城不只是冰冷的城墙和城楼，"我从小就听长城的故事长大，守护长城，不仅要守住一砖一瓦，更要守好背后的文化"。

巡护路上，张鹤珊很忙。他不仅要劝走放羊倌、赶跑偷砖人，阻止别人破坏长城，还要搜寻长城的断碑和残片，从乡亲们口中收集长城民间故事。碰上年纪稍大一点的乡亲，他就拉着对方聊起来，晚上回家后，就把听到的故事记下来。

2002 年，张鹤珊成为中国长城学会首位农民会员，从此，他更忙了。

张鹤珊守护的明长城沿线，有许多像城子峪一样的小村庄。一到晚上，他便带上馒头、花生米、白酒，开始走村串户收集故事。"最远的村子离我家有 10 里地，往返一趟要两个小时。"张鹤珊去过十几个村，走访了近百名老人，

收集了数百个故事。

张鹤珊将这些口耳相传的民间故事，与碑文、地方志、长城百科全书等资料逐一对比考证，最终整理出 20 多个故事，编辑成《长城民间传说》，2009 年正式出版。

张鹤珊每天都写巡护日志，如今，他写下的日志有近20 本、超百万字。他还把"丈量长城"的任务也承担了下来。一个人不好量，他就周末拿着皮尺，和儿子一起上山。张鹤珊对自己守护的每一段长城、每一座城楼的建筑形式、材料、尺寸都做了详细记录。

最近，张鹤珊又将自己的日志和读书笔记进行整理，出版了一本新书《张鹤珊聊长城》，讲述他和长城之间的故事。"希望可以通过自己的努力，为研究长城文化留下更多素材。"张鹤珊说。

免费当导游讲解长城文化，引导人们文明游长城

在张鹤珊的家门口，曾经立着一个木牌，上面写着"中国长城学会会员张鹤珊，免费导游"。

免费导游是张鹤珊想的一个招儿。巡护中，他发现有些游客乱扔垃圾，甚至还会在城砖上刻字。张鹤珊看着心疼，但由于不知道游客的进山时间，他只能事后发现、慢慢清理。于是，张鹤珊萌生了当免费导游的想法，游客到哪他就到哪，如果有不当行为，他可以及时劝阻。

"免费导游"的牌子是立起来了，可来问的人却寥寥无

几。张鹤珊主动联系了一些旅游团的负责人，提出免费为他们当向导，义务讲解长城知识。现在，有游客来爬长城，张鹤珊一准能知道。还有一些游客会随身带着垃圾袋，跟着他一起清理长城沿线的垃圾。

和游客打交道久了，张鹤珊发现，最有效的方式还是讲解长城文化。有一次，20多名大学生来长城写生。在一座城楼里，一个小伙子刚要在砖墙上写字，张鹤珊没有直接制止他，而是讲起了在这座城楼里王秀英替丈夫守卫的故事。故事讲完，众人鼓掌，小伙子也连连道歉。"不爱惜是因为不了解。当大家了解了长城背后的故事，都会心存敬畏，不忍心破坏。"张鹤珊说。

这些年，年近古稀的张鹤珊还赶了一回时髦——学摄影、拍短视频。

夏天的野花，冬天的白雪，巡护路上，每次遇到美景，张鹤珊都会用手机拍下来，分享到自己的朋友圈。他还专门在短视频平台注册了账号。

讲述长城背后的故事，记录巡护路上的趣闻，介绍关于长城的小知识……两年多来，张鹤珊发布了700多条短视频，如今，他的短视频账号有近40万人关注。为了让自己拍摄的短视频更有吸引力，张鹤珊下了不少功夫。"每次拍摄前，我都会花几个小时琢磨一下选景和内容，想一想怎么让视频呈现得更有趣。"张鹤珊笑着说。

空闲时，张鹤珊还会去学校讲课，跟孩子们分享长城的魅力。"守护长城不只是一部分人的责任，更应该成为一种文化传承。有更多的人了解长城，就会有更多的力量保护长城。"张鹤珊说。

（原载《人民日报》2023 年 2 月 20 日）

人物小传

张鹤珊：1955 年生，河北省秦皇岛市海港区城子峪村村民，义务守护村子附近的明长城 45 年，并收集整理了 20 多个长城民间故事，编辑成《长城民间传说》。2002 年，成为中国长城学会首位农民会员；2003 年，成为秦皇岛市首批长城保护员；2007 年，被国家文物局授予"文物保护特别奖"；曾获"最美文物安全守护人"等荣誉称号。

一生一事
33位笃行者的毕生坚守

让更多人了解长城、爱护长城

崎岖的山路，张鹤珊走了 45 年。即使困难重重，他也从未想过停下脚步。张鹤珊说，这就是一个普通农民干了一件普通的事，只是因为用心才显得特别。他最大的心愿，就是让更多人了解长城、爱护长城。

张鹤珊的用心不只体现在长年累月的坚持，更体现在对文物心存敬畏：把一块块散落的砖块放回原处，清理城墙上的刻字，一个一个收集有关长城的传说……他还买来许多有关长城和文物保护的书籍，时时阅读。

因为敬畏，所以爱护。张鹤珊想通过自己的努力，把对长城的爱护、对历史文物的敬畏埋进更多人心里，一代代传承下去。相信这一颗颗种子，终将汇聚成一股股保护长城和传承文化的坚实力量。

邵玉姿

李杰：
做厚积薄发的原始创新

　　春天来了，每到黄昏时分，中国科学院院士、同济大学土木工程学院教授李杰，常常会和学生一起在校园操场散步。头发花白、衣着朴素、神情平和而严肃的他，让很多同济师生心怀敬意、心底安宁……

　　这两年，李杰的工作日程里多了一些项目：为全校师生开讲"党史中的科学精神"，为全校研究生导师讲扶持学生的为师之道，与人文学科老师交流美育对工科人才创新培养的作用……对于科教报国、原始创新，对于学生和青年人才的培养，平时低调谦和、埋头做学问的他，有着当仁不让的使命感、紧迫感！

"科学领域的根本创新，
来源于一群人的长期坚守"

在土木工程界，李杰的名字和"概率密度演化理论"与"递推分解理论"联系在一起。这两大关键科学问题的研究成果，有效解决了高层建筑地震倒塌、跨海大桥风毁以及城市大型生命线工程建设等问题。

作为恢复高考后的首批大学生，原本喜欢物理的李杰选择土木工程的初心，是想将河南乡村满眼草顶土墙的简陋房屋，"都设计建造成砖房"。从大学到研究生的10年学业则让他意识到自己对于工程理论与学术探究的兴趣。同济大学博士毕业后，他放弃更高收入的工作机会，回归校园做"书生"。

在土木工程领域，地震、风灾等引起的结构损坏、倒塌事件，都与随机动力系统分析相关，但经典理论难以解决复杂结构在各种不确定灾害下的灾变分析。自20世纪90年代初，李杰便开始这一研究，经过10余年探索，他提出了"基于物理研究随机系统"的理论，被国际学术界公认为结构可靠性研究中的突破性进展。

他的理论成果直接支撑起一系列重大工程：我国容积最大的1.2万立方米特大型混凝土消化池抗震设计、华东500千瓦骨干电网高压输电塔抗风可靠性设计、总高632米的上海中心大厦抗震可靠性分析……这一理论还被多个国家在机械工程、航空航天工程、海洋工程乃至生物医学等多个领域的学者所关注、引用及应用。

遇上地震等灾难，如何避免水、电、煤气、交通等城市生命线系统受到重创？李杰和他的团队很早就开始研究这些问题。他们很快发现，随着系统复杂性增加，可靠性分析问题的复杂程度会呈现爆炸式增长。李杰由此提出"基于结构函数递推分解"的技术思路，为我国特大型城市、上千个节点的大型生命线工程网络的抗震可靠性分析提供了精确、高效的技术工具。"科学领域的根本创新，来源于一群人的长期坚守，是厚积薄发的结果。"李杰说。

理论进步带来了技术的跨越式发展。2008 年汶川大地震后，李杰带领课题组应用相关技术，完成了都江堰、绵竹等 6 个受灾城市供水网络系统的应急恢复和灾后系统改造，为灾区节省了大量工程投资。担任上海防灾救灾研究所所长的李杰，还与上海市相关部门合作，将地震、火灾、风灾、洪涝等城市面临的多种灾害数据放进计算机里，进行模拟和情景仿真，初步建成上海市多种灾害风险预警与管理系统。

"为师之道，第一条就是爱学生、了解学生"

"同济有理论与工程实践并重的传统。"从获得国际荣誉到当选院士，李杰总是一再说，"荣誉属于学术梯队"。

"当年师从朱伯龙先生，每次学术讨论，朱先生都要问我'有没有新想法',我从事研究后第一个念头就想'这是不是新的',不仅要新而且要有用。"李杰说。

"跟着丁得忠先生,我学到了'认真'。""跟着沈祖炎先生,我学到了'大度'。他告诉我,荣誉只是事业的副产品,要抓住主要。"如今66岁的李杰,说起老师们的影响,显得谦虚而恭谨。

李杰办公室中有个书柜,里面整齐叠放着一个个文件盒,这是他为所有博士和优秀硕士建立的学术档案。里面有他修改过的学生毕业论文手稿,还有记录每次与学生探讨学术问题的手写纪要。随手翻出一个学生当年的作业,李杰都记得很清楚:"他很聪明,读书时需要催促他专心研究,毕业后也经常督促他发表成果……"

相守大半生的夫人说他对学生完全是"护犊子"。一名博士生公派出国期间,李杰每周一次打越洋电话与他交流,从不爽约。某次双方因学术问题争论起来,"吵"了一个多小时,李杰气得摔了电话……稍作冷静后,再打电话过去苦口婆心与他沟通,小心翼翼地保护着学生的个性,"他生气时批评学生几句,如果我跟着附和,他就马上反驳,只要是他的学生,就都是好的。"李杰夫人说。

他的助手初当博导时,李杰专门与他谈心:"为师之道,第一条就是爱学生、了解学生,用心对待他们。"

在李杰看来,师生是一种缘分。老师和学生,就如同一个战壕的战友,要一起研究工作,恰如老兵之于新兵,"自己要先蹲下身子,扶起学生,一步步把他放到肩上,之后再帮助他站起来，推上山峰。"李杰说。

用心爱护学生，尊重学生的创新精神和独立人格，把教育学生放在人类事业与精神文化传承的高度……从 20 世纪 90 年代至今，他培养的 70 余名博士中，多数已成为土木工程领域的中坚力量，其中 18 人晋升为教授，"做老师最大的幸福，就是看到学生超过自己。"李杰说。

"大科学家往往都有人文情怀，可以涵养更高的科学境界"

土木工程学科关联着大工程大项目，但做基础理论研究收入不高，有人问李杰：有没有后悔过？"我不讲究。"作为教授初回同济时，一家三代人住在 60 平方米的空间里，他就在封闭的阳台上摆一张书桌，夜深人静家人歇息时，便是他的工作时光。

45 岁以前，从未在凌晨 1 点前睡过觉；60 岁时也很少在 11 点前睡觉；如今，66 岁的李杰每天早上 7 点起床工作，下午到学校与学生交流，晚上"总要匀出点自己思考的时间"。

"李老师特别鼓励和支持我们年轻人在学术上独立创新。"青年学者陈建兵教授说，"在老师的带领下，我们学术梯队对基本科学问题长期坚持、锐意创新。没有长期坚持，就不会有深入、系统的成果；没有锐意创新，就不会有一流的科学发现。"

对于中国高校如何培养优秀创新人才，李杰反复思考过。自己带学生时也努力摒除被动式、重复式学习，而将培养学生解决问题的能力放在第一位。他为本科生讲"读书三问"：是什么？有什么用？局限性在哪？对研究生，他则强调"读书三结合"：结合研究读书、结合文献读书、结合著述读书。

李杰热爱文学，也要求博士生们阅读文史哲书籍，加强人文素养。"大科学家往往都有人文情怀，可以涵养更高的科学境界。'理工男'不仅需要逻辑思维，也要有形象思维，比如，'从0到1'的原始创新，要有'无中生有'的能力，也需要人文精神的滋养。"

在李杰看来，中国人对世界的贡献应以一个个具体成果来体现。"要专注真正的科学问题，让世界听到中国的声音。"李杰说。

（原载《人民日报》2023年4月11日）

人物小传

李杰：1957年生于河南开封，中国科学院院士，同济大学结构工程学科讲座教授、博士生导师，上海防灾救灾研究所所长。1988年毕业于同济大学，获工学博士学位；1993年成为教育部长江学者奖励计划首批特聘教授。他和学生提出的"广义概率密度演化方程"，受到国际学术界高度关注；他和团队创立的大型生命线工程网络可靠性分析理论，成为国际同行广泛认可的"RDA方法"。

引良师　育良才

采访李杰院士时，印象最深的是他对学生的用心爱护、用力扶持。从为学生们专门留存"学术档案"到强调导师的职责，李杰始终将育人育才作为自己的重要使命。

我们今天强调原始创新、自主科研，并不意味着会有"平地春雷""天才陡现"，相反，科技发展中的重大发现、跨越式进步，要更多依靠代际累积。有良师的德高身正、耳提面命，而不将师生关系庸俗化、物质化、利益化，也不做低水平培养经营，促使青年人踏上学术征途之初便可以获得高起点、大视野、远境界，有正确的科学精神与科研文化传承，创造力与个性便能得到更好融合；作为后辈也更有机会站上前人的肩膀，画出科研中最有力的一笔。

从这个意义上说，引良师、育良才，仍是我们建设创新型国家、推进自主创新的关键点之一。

姜泓冰

周学东：
46 年坚守"护牙"一线

　　沿着葱茏的绿道，走进四川大学华西口腔医（学）院，在口腔疾病研究国家重点实验室 14 楼，一名身穿白大褂的女士，正手握试管，给课题组研究生讲解全生命周期护牙研究前沿；她的身后，是排列整齐的实验操作平台，摆满了各种现代科学仪器……

　　她是周学东，口腔医学专家，四川大学华西口腔医（学）院学术院长、口腔疾病研究国家重点实验室主任。

"19 岁时走进华西坝，我就深深地爱上了她"

"19 岁时走进华西坝，我就深深地爱上了她。"周学东的肺腑之言，令人印象深刻。

老成都的南郊，有这样一片土地，"浅草方场广陌通"，1910 年，这里诞生了华西协合大学，这片土地开始被人们称为"华西坝"。周学东一来到这儿，就深深地扎根在这里；到如今，已有 46 轮春秋。

1977 年初春，周学东成为四川医学院口腔医学系（现为四川大学华西口腔医学院）的一名学生。她十分珍惜在华西坝学习的一分一秒。当时学校宿舍每晚 10 点钟熄灯，早上 6 点半亮灯。为了争取更多的读书时间，她几乎每天早上 5 点就到校园路灯下晨读，"路灯下的读书女生"成为她学生时期的代号，她的学习成绩始终在全年级名列前茅。

1980 年，周学东毕业后被分配到攀枝花钢铁公司职工医院口腔科。1981 年 3 月，周学东突然接到电报，让她到火车站接口腔医学专家岳松龄老师。周学东没有想到，岳老师从成都坐了一夜火车，专程来见她，是为了动员她报考研究生，选择龋病学专业，成为他的学生；岳松龄还把新版《医学微生物学》教材送给她。周学东心中掀起波澜：一位学术前辈为了学生如此尽心，这是何等的信任！

"继续深造！"1982 年，周学东考上了研究生，回到华西坝，主攻变异链球菌与龋病研究；1985 年，获得硕士学位后，她又考取了博士研究生，主攻牙菌斑生物膜与龋病方向，1987 年 12 月通过论文答辩，成为改革开放后华西口腔医院和中国龋病学的第一位博士。

博士毕业后，周学东出国留学，但立志报国的她在学业完成后，谢绝了当地的工作机会，毅然回国……凭窗远眺，轻风拥绿荫，周学东心里只想着"快些，再快些"。她知道，最美的风景，还是在家乡。

"牢记恩师的教导，立志做一名人民的好医生"

回到学校，周学东埋头从事龋病和口腔感染性疾病与全身健康的基础研究，潜心开展临床诊疗和教学工作。她1992 年担任华西口腔医院副院长，1994 年担任院长。她多次婉拒更好的工作岗位，目的只有一个："牢记恩师的教导，立志做一名人民的好医生。"

30 多年来，周学东一直没有离开过讲台和实验室。从教授到在读学生，谈到周学东，都有一个共同的感受：周老师的课堂上，总是包含科学家精神、医学人文等，她注重培养学生攀登科学高峰的理念和意识。"周老师很重视培养我们的科学思维，教导我们要把口腔和全身关系都纳入科研视野。"研究生杜信眉说道。

周学东还带领团队夜以继日攻关，创建以恢复口腔微生态为主的口腔疾病群体防治技术，提出全生命周期龋病管理，前移龋病防治，倡导以预防为主，尽可能延长牙齿使用寿命。

团队成员郑欣讲了一个故事："学习口腔生物膜研究技术时，我在实验室忙了几个月，观察各种瓶瓶罐罐，得出一组数据，赶紧去跟周老师报喜。结果周老师看了我的数据，淡淡一笑说，二维图像上的信息经常会与实际情况有差别，你不妨再尝试一下三维成像的方法，让数据更可靠。于是我又摸索三维成像方法，才得出了准确数据。"

通过做根管治疗，把患牙保存下来，这个问题一度困扰着中国口腔医学界，也困扰着周学东……

周学东发现，牙齿的根管形态有不同类型。她提出，"要研究中国人根管系统的特征，制定出我们自己的标准"。她带领团队争分夺秒，开展针对中国人的根管系统解剖特征研究，发现了中国人特有的根管系统解剖结构，并在此基础上，制定出中国人的根管治疗临床评价体系。紧接着，周学东又率先开创显微根管治疗和显微根管外科手术等临床新技术。这项成果于2016年荣获国家科技进步奖二等奖。她主持的龋病研究成果，入选中国医学科学院2021年度重要医学进展。

"只有更加努力地工作，才真正对得起这身白大褂"

2007年，科技部批准建设华西口腔疾病研究国家重点实验室。走进实验室的学习室，有两本期刊引起了记者的关注——《国际口腔科学》和《骨研究》，图文精美，内容丰富。这是周学东带领团队为中国与世界口腔医学界搭建的桥梁，翻阅目录，投稿人都是国内外的学界专家。

周学东想，国家重点实验室应当成为国际口腔医学研究和交流的平台，要发出中国声音，必须要办一本国际性期刊作为载体。获悉这个想法，同事们都很激动，"这可是我们华西口腔产生国际影响的一个重要渠道"。大家都跃跃欲试。

周学东把起步当冲刺，带领大家奋力筹备，2009年，刊号终于办了下来。又经过近两年的努力，团队在严格审核挑选口腔医学专业论文的基础上，精心组织基础医学、干细胞等领域的稿件，办成综合性期刊，进入国际科学引文索引（SCI）。

后来，为了加强口腔医学与骨医学的交叉研究，华西口腔又获批主办《骨研究》，并也进入了国际科学引文索引。

如今，周学东仍带领团队奋战在口腔疾病科研的第一线：在实验室里，周学东手把手指导课题组研究生开展实验。风华正茂的学生们时而聚精会神，时而轻松一笑。在他们眼里，周学东既是严谨的导师，又是和蔼可亲的长辈，难怪有学生叫她"周妈妈"。"这里有风扇、有空调，比起烈日下劳作的人们，我们真的太幸运了。只有更加努力地工作，才真正对得起这身白大褂。"说着，周学东又爽朗地笑起来……

（原载《人民日报》2023年4月12日）

周学东： 1957年出生，四川成都人，1987年毕业于华西医科大学，获得医学博士学位，现为四川大学二级教授、四川大学华西口腔医（学）院学术院长、中国医学科学院学部委员；主要从事龋病、口腔感染性疾病与全身疾病的研究，钻研牙体牙髓病防治新技术，提出全生命周期口腔健康管理；获国家级、省部级科技成果奖7项。

敢于走别人没有走过的路

周学东在长达 40 多年的科研历程中，始终如一坚持追踪国际口腔医学前沿，敢于走别人没有走过的路，千方百计寻找机遇，抢占国际口腔医学制高点。

她以敏锐的眼光，发现口腔微生物学是国际前沿学科，并长期从事研究。她还带领团队对中国人根管系统解剖特征开展研究，制定中国人的根管治疗临床评价体系……

敢于抢占科研制高点，努力打造新优势，已成为广大科技工作者共同的追求；而周学东敢为人先的精神，正是他们锐意进取的一个缩影。

刘裕国

赵治海：
钟情那一粒最好的谷子

在河北省张家口市农科院展示厅里，有一个名为"张杂谷1号"的杂交谷子标本。秆和穗长1米多，根系长两三米，细枝茂密。**"根系发达，耐旱抗倒。"**一旁，身着布衣、脚穿胶鞋的赵治海，手指着标本，黢黑的笑脸上露出一口白牙……

年逾花甲的赵治海是河北省张家口市农科院杂交谷子研究专家，带领研究团队培育出"张杂谷"，将我国北方干旱半干旱地区谷子亩产由300公斤提高到600公斤。"张杂谷"还改变了谷子只适宜年降水400毫米以上半干旱地区的习性，在年降水 200 毫米的干旱地区也能生长。"谷子蒸腾系数远低于高粱、玉米、小麦，'张杂谷'更加节水耐旱。"赵治海说。

"我当时就铆足干劲，
想用知识为家乡父老做点事"

赵治海 1958 年生于张家口农村，年少时"地里刨食"。"除了锄地、拉石头，我还挖过地道、赶过牛车马车。"1977 年恢复高考后，他考上了河北农业大学农学系，从此与谷子研究结缘。

在学校，赵治海完成了谷子光温反应试验，得到河北省农科院指导老师的高度评价。凭着优异的成绩，赵治海本可以在大城市找到理想工作；可毕业后，他却选择回到家乡，研究杂交谷子……

谷子高产杂交种选育是世界性难题。20 世纪 60 年代开始，全国 30 多家谷子研究单位先后开展杂交谷子研究来服务农业、提升产量。"张家口是干旱半干旱地区，很多百姓只能种谷子。我当时就铆足干劲，想用知识为家乡父老做点事。"

1982 年，赵治海来到张家口坝下农科所。彼时，张家口种植谷子面积近 200 万亩，亩产不足 140 公斤。一些山区、半山区以种谷为生的农民急需高产新品种问世。

"前人受挫的原因是套用水稻、高粱的模式研究，没有按照谷子的物种特性研究。"刚走出大学校门没多久的赵治海，对谷子研究提出了新想法。在实验室，赵治海发现谷子长日照低温不育现象，想到在学校做过的试验，他和团队在 80 年代中后期提出走谷子光温敏"两系法"技术路线的设想。

问题来了，该路线所需的谷子光温敏不育株只是偶然出现在作物上，尚未发现规律，能否找到是个未知数。之后，赵治海奔波在研究室和试验田间。几十亩的谷子地，种着成百上千个品种，他一株株观察比较。"有时在研究室通宵达旦，有时在农户家、瓜棚里一住就是半个月……"妻子杨少青说。赵治海和团队经历了数以万计的试验，失败、失败、再失败，陆陆续续观察了几十万株谷穗。

终于，在 1994 年，赵治海团队成功选育出谷子光温敏型雄性不育系 "821"，填补了谷子光温敏不育系研究的空白。随后，他们成功总结了谷子光温敏不育技术与规律，经河北省科技厅组织专家鉴定通过。2000 年，"张杂谷 1 号"问世，目前，"张杂谷"系列衍生出 20 余个品种。

"我是地地道道的农家娃，农民的需要我懂"

按照河北省委省政府援疆安排部署，张家口对口援助新疆和硕县。和硕县地处天山南麓，长期以来，土地贫瘠沙化、干旱缺水，严重制约农业发展。

2011年，张家口首批援疆干部抵达和硕县后调研发现，尽管土地贫瘠，但当地光照强度高、时间长，适合"张杂谷"生长。因此，张家口援疆指挥部立即联系市农科院，尝试引进"张杂谷"系列品种。

"这谷子能喝得惯天山雪水？"刚把"张杂谷"引入新疆时，不少村民和当地干部有质疑。赵治海回忆，他来到和硕县，和援疆干部一起向大伙讲解："张杂谷"根系发达、抗旱性强，适合当地干旱缺水的自然环境。"本地病虫害少，天山山脉矿产丰富，可以给'张杂谷'更多的营养元素。"

一些村民把和硕县北部山区沉睡了几百年的数十亩戈壁开垦出来，种上了"张杂谷"。赵治海不顾几千公里奔波劳顿，在和硕县的田间地头，指导农民科学施肥、浇水……当年，"张杂谷"试种成功，亩产近200公斤。更重要的是，生产出的小米色泽金黄、口感香浓，让当地干部群众交口称赞。

趁热打铁，赵治海和援疆干部一道，又将抗旱能力更强的"张杂谷13号""张杂谷19号"引入和硕县，依托当地专业合作社，带领农民推广种植。"赵老师和团队为当地长期提供技术支撑和人才培训，助力'张杂谷'快速推广。"合作社负责人陈学亮说。

和硕县曲惠镇东台村村民耿云昕说："刚开始，产量也就每亩380公斤。这些年我们改良品种、加强水肥一体化管理，去年平均亩产量在 530 公斤。"

10 年来，"张杂谷"在和硕县种植规模超过 2 万亩；亩产也从两三百公斤提升到五百多公斤，受益农户达 1000 多户。"我是地地道道的农家娃，农民的需要我懂。"赵治海说。当地生产的小米如今还在网络平台销售，远销北京、上海等地。

"发展循环经济，能为农民增加收入，为乡村振兴做贡献"

1983 年 5 月 1 日，是赵治海和杨少青原定结婚的日子。可为了把握播种最佳时期，赵治海还在赤城县的试验田里忙碌着，不得不把婚期推迟……

张家口的气候难以满足需要，赵治海又将光温敏实验搬到海南的试验田里。为了争取更多的研究时间，赵治海像候鸟一样，每年冬天都要从寒冷的张家口地里"迁徙"到海南岛的田里。

"1984 年到现在，每年冬季都是在海南的田间地头度过……"说到这些，赵治海总感觉有些自责，他觉得亏欠亲人太多了：他 7 岁丧母，但和弟弟没有挨过一次饿，缘于姥姥、奶奶的精心呵护。妻子已和他相伴了几十年，家里的事也从没拖累过他。

"老赵没一点架子，来了不是下地干活，就是挨家上门指导。到了谷子授粉的关键时期，我们一打电话，他准来。"

张家口下花园一个谷子试验基地负责人这样说。

对于倾注了一辈子心血的谷子种植事业，赵治海说，谷子不只可以当原粮出售，还能作为企业深加工的原料；谷草还可以为畜牧业提供优质饲草，农民可以获得"双份"收益。

"搞谷子深加工、配套养殖等，发展循环经济，能为农民增加收入，为乡村振兴做贡献。"赵治海憧憬着。

（原载《人民日报》2022年3月18日）

 人物小传

赵治海：1958年生，河北省张家口市农科院杂交谷子研究专家。20世纪80年代以来，他带领团队潜心研究，培育出世界上首例谷子光温敏两系杂交种——"张杂谷1号"。"张杂谷"系列品种在14个省份得到推广，占北方谷子播种面积的1/3左右，亩产由300公斤提高到600公斤，节水效益良好。近年来，他积极参与援疆工作，指导当地群众，在天山南麓原本干旱贫瘠的戈壁滩上，推广种植超过2万亩"张杂谷"系列杂交谷子，促进了当地群众增收。

用科技成果造福更多人

一株新作物的问世，背后往往是数十年的坚守，以及成千上万次的试验。这既是时间的考验，更是毅力的砥砺。

赵治海坚守不被看好的研究领域，几十年孜孜不倦，历经失败挫折仍不气馁。这背后，除了知识理论储备、大量数据积累，更有他对改善老百姓贫穷生活的渴望。"干旱地区长不了水稻、小麦，但长得了谷子。""要让每亩地产更多粮食。"采访中，赵治海的话语都很质朴。他是用几十年如一日的行动，将汗水洒在人民需要的地方，用知识为百姓幸福做贡献，研制出高产杂交谷子系列，造福了万千百姓。

人民的需求，就是研究的方向。科研工作者辛勤付出，用科技成果造福更多人，将论文书写在祖国大地上，就会给广大人民带来更加美好的生活。

张腾扬

杨红军：
留在大山深处　坚守三尺讲台

　　早上 7 点，天刚蒙蒙亮，云南省临沧市沧源佤族自治县南腊完小教师杨红军就拿着课本和教案走出了宿舍，他的住处紧挨着学生宿舍，看到还有没进教室的学生，他会习惯性地喊上一句："动作快点，别迟到了！"

　　走下两个台阶，再转过一个弯，就到了教学楼。这段 300 多米长的校园路，杨红军从青年走到了两鬓斑白……

"我留下来，就是想让更多孩子走出去"

从县城出发，在山路上行驶 2 个多小时，才能到达位于沧源县西北部南腊村的南腊完小。虽然只是一所村小，这里却有 500 多名学生、30 多名教职工，附近 6 个村子的孩子都在这里上学。

中等个头、皮肤黝黑，穿着白衬衫，戴着黑框眼镜，眼前的杨红军显得十分干练。见到他时，他正在给三年级学生上课……

"有位勤劳老公公，天色一亮就开工，若有一天不见他，不是下雨就刮风。孩子们，猜猜这是什么？"杨红军轻声提问。同学们齐声回答："太阳！"

"教低年级学生，声音要轻，课堂氛围要活，这是学校的年轻老师给我的建议。"杨红军之前教了很长时间的高年级，临近退休，重新回到低年级任教。为此，他主动跟年轻老师请教低年级的教学方法。

杨红军说，他的小学时光也是在南腊完小度过的。1984 年中专毕业后，杨红军被分配到南腊乡（现更名为芒卡镇）任教，在两所"一师一校"的村小工作 7 年后，调入南腊完小任教至今。

那时候，除了上课，杨红军还把很多精力放在劝说想要辍学的孩子返校上。曾经，杨红军的班里有个成绩很不错的女孩要辍学。女孩的家离南腊村很远，为了让她重返校园，杨红军决定家访。在崎岖的山路上，杨红军从早晨走到中午，终于找到了女孩的家。"不管怎样先让孩子回来上学吧。"杨红军苦口婆心地劝说女孩父母，"实在不行，我回去跟学校商量，用南瓜、洋芋抵学杂费。"最终，在杨红军的努力下，女孩重新回到了课堂上。

这样的家访，杨红军经历过很多次。家访路上，他常常会想起自己的小学老师——何老师。看到班里少了学生，何老师就忍不住流泪，然后一家一家去劝。杨红军始终记着何老师说过的话："如果不读书，孩子们很可能一辈子都走不出大山！"

1991年，杨红军被评为"全国优秀教师"，这对一名乡村教师来说，也是一次改变命运、走出大山的机会。"当时有县里的学校想调我过去，我没有去。"杨红军从没后悔，"我留下来，就是想让更多孩子走出去。"

这一留，就是32年。30多年来，杨红军教了20多届、上千名学生，在沧源县的各行各业都有他的学生。

"跟孩子们学习相关的事，都是大事"

调入南腊完小工作以来，杨红军教的科目可谓"五花八门"——数学、美术、劳动……"以前学校只有十几名老师，大家都是身兼多科。"在此期间，杨红军还担任过6年校领导职务。2003年，他卸下校长职责，重新回到自己最熟悉的教学岗位。

在教学上，杨红军既传统又"时髦"。翻开杨红军的教学课本，每页都是满满的批注，上面写着章节必背知识点、重难点提醒、拓展知识补充等。他还自己制作教具，有时还结合农村常见的农具，教学生记住一些知识点。

如今，南腊完小的每个班级都接通了教育专网，配备有电脑和电子白板。杨红军是学校资历最深的老师之一，但在信息技术方面却是个初学者。

为了尽快掌握新技术、新的教学方式，杨红军主动向90后教师李玲英学习。"放学后，杨老师总会找我们几个年轻老师，请我们教他使用互联网、做PPT课件等。"李玲英说，杨红军特别认真，把每个步骤都记在笔记本上，然后反复练习，并且请年轻老师给他做的PPT课件挑毛病。

"要想把学生教好，老师首先要跟上时代。而且，跟孩子们学习相关的事，都是大事。"杨红军严肃地说。

"离孩子们近一些，随时有照应"

杨红军的老房子就在南腊村，但他很少回去住。他和妻子、女儿就住在学校的一间宿舍里，不到20平方米，一住就是30多年。旁人不解，杨红军只是笑笑："住在这里，离孩子们近一些，随时有照应。"

杨红军对学生的爱，渗透在生活中的点点滴滴。因为父母常年不在身边，村小的很多学生都在学校寄宿。杨红军的宿舍离学生宿舍很近。午休时间，杨红军会去学生宿舍转一转，看到孩子们都在午休他才放心。转一圈回来，留给自己的午休时间就很少了。

到了周末，杨红军就从老师变成了"家长"。他带着男孩子们洗澡，给他们买各种生活用品。孩子们头发长了，他索性在宿舍门口摆张椅子，当起兼职"理发师"。

"这么多年来，他一直把学生当作自己的孩子。"南腊完小职工陈向前是杨红军的第一批学生。他至今仍记得，自己上学时身体不好，家又离学校很远，从家里带来的中药，都是杨红军煎给他喝。

杨红军爱学生，也深爱着这片校园。学校的饮用水是从山上的水源地引下来的。到了雨季，经常因为山洪而断水。杨红军就和同事们一起，踏着泥泞的山路，前往5公里外的山上水源地维修。

山上蚂蟥多，维修回来后杨红军就被咬得全身到处都是伤。他顾不上处理伤口，也要先去看看供水是否恢复了。

由于把大部分精力都投入工作中了，多年来，杨红军对家庭的关心有些少，这也成了他心里一直放不下的遗憾。

"他工作忙，家里的事大大小小基本上都是我来做。"杨红军的妻子周银芳说。女儿考上了大学，杨红军高高兴兴地把女儿送到了学校。到了宿舍，他爬上高低床为女儿铺被褥。"爸，印象中这还是你第一次给我铺床。"女儿不经意的一句话，让杨红军眼睛一酸。看着父亲苍老的身影，女儿不禁红了眼眶，也越来越理解父亲的坚守。

（原载《人民日报》2023 年 4 月 18 日）

人物小传

杨红军：1964 年生，云南省临沧市沧源佤族自治县人。他 39 年来坚守大山深处的三尺讲台，敬业奉献、以校为家，上千名学生在他的教导下走出大山。他曾获得"全国优秀教师""临沧市优秀教师"等荣誉称号。

甘为人梯，托起孩子们的梦想

39年，一万四千多个日夜，是什么让杨红军数十年如一日地坚守在大山里？答案是"热爱"。

因为热爱家乡，"山里娃"杨红军考出了大山，又回到了大山。即便由于获得"全国优秀教师"荣誉称号，有机会再次走出大山，他依然选择留下。近40年的山村教师经历，杨红军忠实履行了"我留下来，就是想让更多孩子走出去"的诺言。

正是因为这份热爱，用心教书育人的理念在茫茫大山间不断传承。正是因为甘为人梯的坚守，才托起了孩子们的人生梦想。也正是因为千千万万像杨红军一样的山村教师的热爱和坚守，才搭建起了为大山里的孩子们传道授业的三尺讲台，为孩子们打开了一片更广阔的世界。

叶传增

张罗：
潜心破解过敏难题

医学界流传着一句话："金眼科，银外科。"在医学大家族里，耳鼻喉科是小学科。而作为耳鼻喉科的亚专业，鼻科更不起眼。然而，张罗却用了近30年时间，潜心钻研难治性慢性鼻病，在鼻腔里做出了"大学问"。

世界前沿学术期刊《过敏科学》特地首次为中国留出整期版面，展示中国学者在过敏科学领域的最新研究成果，张罗担任客座主编并撰写述评。

"要让世界听到中国声音！"张罗坚定地说。

20年前，在国际鼻科学界，中国学者声音不响；如今，中国学者的声音越发响亮。中国学者参与制定了 26 个国际诊疗指南，《中国过敏性鼻炎诊疗指南》英文版首次发布，在鼻科学和过敏科学的国际舞台上发出了响亮的中国声音。

"虽然工作并不轻松，但还是要展开调查、摸清家底"

在北京同仁医院门诊楼顶层，有一片区域。每天傍晚，都会有工作人员走上天台，取下测量花粉的玻片，送到北京市耳鼻咽喉科研究所进行染色读数。自 2012 年起，每年 3 月初到 10 月底，北京市气象台和北京同仁医院联合发布致敏性花粉浓度指数预报。气象预报中的"花粉监测"和"花粉预报"，基础数据就来自张罗团队。

20 多年前，张罗就注意到：每年春秋两季，鼻科门诊都会挤满患者，此起彼伏的打喷嚏声和擤鼻涕声，均来自过敏性鼻炎患者。

患者为什么多？发病有什么特点？"虽然工作并不轻松，但还是要展开调查、摸清家底。"张罗说。2005 年，张罗团队展开了过敏性鼻炎流行病学调查。经过数月追踪、记录、收集和分析，一个填补历史空白的数字出炉了：中国过敏性鼻炎的患病率为 11%。

随着时间推移，过敏性鼻炎患者的数量还在不断增加。2011 年，张罗团队开启了第二轮大调查，此时的患病率从 11% 提高到 18%。基于调研，我国发布了首部英文版过敏性鼻炎诊疗指南。

对花粉跟踪研究了 10 多年，张罗团队终于发现花粉的"行踪轨迹"：在北京地区，春季最容易引起过敏的花粉源自大果榆、青杨白桦等植物；夏天的致敏花粉主要源自野牛草、狗尾草等；秋天，引起花粉症的植物主要是藜草、蒿草等。

目前，北京设立花粉监测点 13 个，另外 17 个北方城市设立监测点 40 多个。北京市气象局和中国气象局都增加了花粉浓度指数预报。每个地区导致过敏性鼻炎的过敏原并不相同，且种类繁多，以往患者确诊需要检测约 20 个过敏原。张罗团队将全国分成东北、华北、华中和华南 4 个大区，并确定常见的 5 至 8 种过敏原检测组套。患者可以更准确地锁定范围，减少过敏原检测数量，降低成本。

"看似一个小问题，可背后需要运用多学科知识来诊断"

张罗是一名鼻科专家，他的科研"嗅觉"也极其敏锐。

在门诊中，张罗有不少"老病号"症状很像花粉过敏，但是每次抽血检测过敏原时，结果都显示为"阴性"，为何？

张罗琢磨:"如果把打喷嚏、流鼻涕的人都当作过敏性鼻炎处理,至少有 40% 至 50% 的人是被误诊的。"

随后,张罗团队抽丝剥茧,发现奥秘所在:打喷嚏、流鼻涕的症状背后,潜藏着多种鼻部炎症。想要确诊,必须对鼻腔分泌物中嗜酸性粒细胞进行计数或者血清特异性 IgE 进行检测。经过检测,很多"老病号"得到了明确诊断和对症治疗。

张罗发现,每逢雾霾天气,过敏性鼻炎患者数量就会增加,这引发张罗关注过敏性鼻炎和空气污染之间的关联。"看似一个小问题,可背后需要运用多学科知识来诊断。"经过调查发现,二氧化氮和二氧化硫等空气污染物浓度升高,会影响花粉孢子的完整性,释放过敏原,增加致敏性,导致患者症状加重。

"只要能帮助患者减轻痛苦,我觉得一切都值得"

"情况怎么样?"一名曾做过鼻肿瘤切除手术的复诊患者紧张地问。戴上护目镜,张罗将内镜探头深入患者鼻腔内轻轻游动,鼻内结构在屏幕上清晰显现。"恢复得很好,不用担心。"张罗的话,让患者长舒一口气。

鼻腔鼻窦内翻性乳头状瘤是鼻腔鼻窦最常见的良性肿瘤,特别易复发。临床上,有人曾做过十几次手术。除了造成面部损毁外,反复发作也会带来癌变风险。

对此,张罗团队展开对鼻腔鼻窦内翻性乳头状瘤的研究。长期以来，国际上公认的标准是以大小来分期：肿瘤越大，分期越高，疾病程度越严重。然而，张罗团队发现，肿瘤大小并不能够完全代表疾病严重程度，反而是肿瘤根基部原始生发位置更能决定肿瘤严重程度和复发风险。

2019年，张罗团队在国际上提出以肿瘤根基部位为导向的肿瘤临床分期系统。成果在头颈外科权威期刊《头颈科学》发表，并被选为封面文章。这意味着，鼻腔鼻窦内翻性乳头状瘤的国际分期标准被改写。张罗团队发现，新标准下，患者远期复发率仅为6%，达到世界先进水平。

"要根据不同患者的特点，针对性做出治疗方案。"张罗认为，在临床上，慢性鼻窦炎伴鼻息肉，很多医生的处理方式是"一切了之"，但手术只能解决大约一小半患者的问题，还有一大半会反复发作。复发根源在于，不同患者具有不同的炎症体质。据此，他们确立了一项新诊断标准，鼻息肉复发"可知可控"，治疗"有的放矢"。"只要能帮助患者减轻痛苦，我觉得一切都值得。"张罗说。

（原载《人民日报》2021年11月16日）

人物小传

张罗：1969年出生，毕业于首都医科大学临床医疗系，1993年进入首都医科大学附属北京同仁医院耳鼻咽喉头颈外科工作，2020年8月任院长，主任医师、教授，重点从事以过敏性鼻炎和慢性鼻窦炎为代表的慢性鼻病发病机制和临床诊疗研究。

用恒心和耐心造福患者

"有一名海上救生员，救人无数。然而，当别人问他一生救过多少人时，他却说只救过5个。人们问他为什么。他说：救活的人忘了，没救活的5个都记住了。"

张罗给记者讲了这个故事。作为临床医生，张罗治好的患者成千上万，但大多数都没有给他留下很深的印象。相反，那些没治好或治好了又复发的患者，却常常令他心中惦念。他认为，这样的病例更有研究价值。破解一道难题，造福一群患者。

其实，越是治不好的病，越需要有人钻研，越需要医生有恒心和耐心。医学是一门探索性科学，充满着风险与挑战，只有那些不甘平庸、不畏艰险、勇于攀登、善于创新的人，才能领略奇绝的风光。

白剑峰

柳冠中：
"设计就是探索新的生活方式"

　　"设计应该从解决问题的本质入手，绝不只是外观造型的美化""设计不能跟随市场，要看到世界真正的需求""设计的目的不是致力于占有，而是提倡分享与使用"……清华大学文科资深教授柳冠中虽已八旬高龄，依旧精神矍铄、妙语连珠。

　　从进入中央工艺美术学院读书算起，柳冠中的生活就一直与工业设计紧密相连……

"不是设计车，而是设计出行方案；不是设计家具，而是设计家庭居住环境"

1984 年，从中央工艺美术学院毕业后，柳冠中接手的第一个项目是为一小型使馆做室内灯具设计。"这种类型的建筑，往往使用的是枝型花吊灯，追求灯火辉煌的感觉。但实际上存在一些问题，比如，温度过高容易诱发火灾、重量过大存在坠落风险、灯泡坏了更换麻烦，等等。"柳冠中说。

小型使馆室内高度只有 4 到 5 米，但门厅、宴会厅、接待厅的配光要求却不低。怎样在有限条件下实现外事接待照明需要？柳冠中说："不能在灯具样式上做文章，要引入设计思维，关注'照明'本身。"

花了近一个月时间，柳冠中仔细研究使馆室内设计的平面、立体、剖面图纸，梳理出各厅室的照明意义和有关照明工程的各种概念，完成了全套照明与灯具装置的设计方案。

拿着详细的结构图、零配件的拆件图，柳冠中来到灯具厂，"总工看着图纸不说话，后来又叫来不少技术员，大家也都沉默不语……"柳冠中说，"过了许久，总工说，小柳，你设计的是灯吗？"

柳冠中听后直冒冷汗，夹着图纸就走了……回到家他仔细一想，这怎么不是灯呢？有灯泡、灯头、反射罩、安装结构，还有对流散热装置、配光曲线图。柳冠中忽然明白了：他设计的不是一个灯具造型，而是一套照明方案。

这次设计给柳冠中上了一堂生动的实践课，"先明确照明需求，再去寻找解决方案，无形中与工业设计中提出问题、解决问题的思路相吻合。"柳冠中说，"这就是我后来提出的'设计事理学'的雏形。"

在柳冠中看来，"工业设计不是设计车，而是设计出行方案；不是设计家具，而是设计家庭居住环境。紧跟时代变化，设计就是探索新的生活方式，这是工业设计者应当孜孜以求的。"

"工业设计不只是图纸和建模，而是一个复杂的系统工程"

在柳冠中众多设计作品中，还有一套20世纪70年代设计的大型厅室灯具值得一提。

"当时，这套灯具设计要求很高，但是从设计到工艺，再到制造安装，工程进度时间只有半年。"柳冠中说，"如果每个厅室都要有一种灯，就得开数十套模具和数十种灯罩，根本来不及。"

柳冠中想到了"球节点网架"结构——用一块10厘米见方、透明的塑料做标准骨架单元，单元之间可以任意组装。这样灯具就可以按照10厘米的倍数上下左右扩展，形成不同样式，适应不同厅室。

　　方案有了，材料成了新问题。"'球节点网架结构材料'必须不遮光、耐高温，强度、韧度等性能也要达到抗震要求。"柳冠中查阅了许多工程资料，终于找到一种高强度的聚碳酸酯材料。

　　接着，加工难题又摆在眼前。"一般厂家都没有接触过这种材料，最后在宁波找到了一位技术负责人。他们做了十几次注塑工艺试验，终于成功做出晶体组合灯。"柳冠中说。

　　柳冠中真正认识到工业设计的系统性，是在1980年在国外进修期间。

　　"第一学期只做一个课题，就是制作早餐烫煮鸡蛋用的鸡蛋托。"柳冠中一开始很吃惊，"这还需要一学期？"后来他发现，学生们不仅要研究不同地区的生活方式、了解不同的材料属性，还要到车间学习制作工艺、自己动手完成。柳冠中说："第一天指导老师就告诉我，有想法就去车间做。"

　　回想起来，柳冠中感触很深："工业设计不只是图纸和建模，而是一个复杂的系统工程，必须理解需求的本质，探索各种原理、结构、材料和技术，然后再完成样机模型。"

"要搭建合理的学科结构，培养具备综合知识、立志创新的设计人才"

　　结束进修，柳冠中回到中央工艺美院，在创建工业设计系的过程中，柳冠中提出"要搭建合理的学科结构，培养具备综合知识、立志创新的设计人才"。

回顾创建历程,柳冠中说,"我们开设了综合造型基础课,坚持让学生动手做样机作品。当时系里条件有限,我和同事蹬着平板三轮买石膏给学生做模型;学生做作业的工具也只有砂纸、锉刀、锤子、老虎钳、剪刀等。"

这样的培养方式极大地提升了学生的动手能力,让他们理解了材料、结构、工艺性与造型的内在关联,明白了"美"并不仅仅在于外表。

在工业设计领域躬耕了一辈子,柳冠中越发深切地感受到,设计是极富生命力的学科。"近年来,中国的工业设计师整体进步是明显的。从最开始的接一个设计单做几个月完事,到后来进入设计公司研究系统设计方案,再到将设计纳入城市设计、产业创新体系,工业设计的重要性、系统性在不断强化。"柳冠中说,"但现实中也存在一些单纯追求时尚炫酷的设计,这是值得警惕的。"

柳冠中认为,"要研究符合国情的设计方案,体现中国特色。中国有着深厚的历史积淀和鲜明的文化特色,如何继承发扬灿烂的历史文明,把传统文化与当下文化有机地结合起来,这需要设计的智慧。""工业设计不是追求豪华奢侈享受,而是要解决大多数人的问题。提倡实用,不鼓励占有,创造更加健康合理的生活环境,这是我一直坚持的工业设计理念。"

（原载《人民日报》2023 年 7 月 25 日）

柳冠中： 1943 年生，清华大学首批文科资深教授，曾获中国工业设计十佳教育奖和推广奖，2019 年荣获光华龙腾奖·中国设计贡献奖金质奖章。1984 年 7 月，中央工艺美术学院（今清华大学美术学院）创建工业设计系，柳冠中任第一届主任；其"生活方式说""共生美学观"等理念在设计业界产生重要影响。

看到生活中的实际需求

什么是工业设计、如何培养设计人才、怎样创新中国设计……柳冠中一辈子都在追寻这些问题的答案。当记者问"成为一名设计师最重要的条件是什么"，他的回答是"要养心"。

有"心"才能画"圆"，"半径"大"圆"才大。"心"是设计者的立场与价值观，"半径"是认知水平与能力素养。在柳冠中看来，设计者要不忘时时"养心"，要看到生活中的实际需求，解决大多数人的实际问题。

如今，80岁高龄的柳冠中依旧忙碌着，授课、宣讲、写作，为中国工业设计的发展、为培养德才兼备的设计人才而奔走……他呼吁，无论社会如何变化，都要不忘从事设计行业的初衷，不断推陈出新，创造更加健康、合理的生活方式。

丁雅诵

江澄波：
"做一艘载书送书的船"

在苏州平江路钮家巷，阳光透过梧桐叶，斑驳的树影像书页般印在文学山房前的空地上，路边三五只麻雀正啄食谷物。走进文学山房，这间不到20平方米的书店里，每摞书籍都被细致地做了分类：李太白文集、三国志、吴中人物志……黑色铅笔字在白色字条上留下标记，贴在书底。文学山房从开业至今，已有124年，而97岁的江澄波老人一直守护着它……

祖孙接力，与古籍双向奔赴

江澄波的曾祖父早年间搭船来到苏州，在城门口的书房谋生计。祖父江杏溪 1899 年创建文学山房，专门贩售古籍，地址选在护龙街嘉余坊口。1931 年，文学山房新店落成，三开间，前后三进，中间设天井，店堂高敞明亮。祖父、父亲在店里忙碌，书籍被读者买走，这是江澄波最初的记忆。

从年少时起，江澄波就跟随祖父和父亲四处访书，艰苦岁月的动荡生活，也没有阻挡他们的脚步。文学山房的名气越来越大，不少人来看书、购书。"来的人都是喜欢书的，他们有时也会把自己的书交给我们，我们再传给有需要的人，这不就是文化的赓续吗？"江澄波说，旧书店、新书店、古玩店、杂货店……到处都可能是访书的地点，他甚至在废品回收处找到过珍本。

1956 年，苏州私营新旧书店被批准实行公私合营。文学山房仍由江澄波和父亲负责，自负盈亏。合营两年后，苏州市文化部门对古旧书业正式改组，店号为"公私合营苏州古旧书店"，文学山房是其中的一个门市部。江澄波把工作重点转向抢救性保护：把著名藏书家的资料整理成册，主动拜访；与本市及外地废品回收站通信联系，及时抢救……

20 世纪 70 年代末，全国古旧书店工作座谈会在扬州举行，古书的相关标准和规章制度逐渐形成，古旧书市场开始步入正轨。此后的 20 多年，江澄波奔波的地方更多了，来找他看古籍的人也更多了。看到许多古书源源不断地出现，他如获至宝。

2001 年，75 岁的江澄波，为了给两个孙女攒钱上大学，决定自行创业。"做了一辈子古旧书籍行业，还是开书店最合适。"

江澄波找来 3 个被淘汰的货柜，在玻璃门上贴一张"收购古今旧书碑帖"的广告牌。店名叫什么？由于文学山房已被合并到古旧书店，他就把"文学"改为"文育"。

为了把空置的书架填满，江澄波去上海淘书，和儿子一起带回来。每逢周末，他也会去文庙市场、古旧书店收书。江澄波还给图书馆和藏书家写信，慢慢地，大家都知道江澄波又开了新书店。"我要做一艘载书送书的船，我离不开书亦如船离不开水。"江澄波说。

2006 年，江澄波的故友——散文家黄裳找到他，劝他把"文学山房"百年招牌恢复。在当地相关部门的帮助下，2012 年，"文学山房"老牌子恢复。此时，距离老书店的创建，已然过了 100 多年。

潜心研究，摸清古籍各种门道

江澄波第一次独自收书是在 13 岁。当时，他无意间看到一个旧货摊摆着 3 本书，走上去翻看，发现竟是明朝人手写的蓝格抄本。一查卷数：一本完整，另外两本是一套，中间缺了一本。江澄波当即付钱收下。"这样的好书哪里得来的？"祖父非常惊讶，并根据残存的字迹推断出是宁波范氏天一阁藏书。

不同书所用的纸张不同，大体可以判断书本所属朝代。"纸张材料、颜色，目录核对，年号牌记识别……门道多得讲不完。"江澄波说，他还能甄别诸如新纸染旧、挖改序目等作伪的手法。

"古籍行业是高尚的。"这是父亲给他讲的一句话——自此，卖书收书是文化事业而非纯粹逐利的理念，在江澄波心里慢慢生长。

忙完生意，父亲会抽出时间带着江澄波读书。最让江澄波头疼的是《郘亭知见传本书目》，这本书是版本学家莫友芝在《四库全书简明目录》上所做的版本笺注，是版本目录学史上的重要作品。

江澄波刚开始"啃"时觉得乏味，于是按照书目把相关书籍找出来，与列表对照看，发现有意思多了。一年下来，4本书目都"啃"完了，甚至还能把书目背下来。"背书目能够掌握经史子集的各种版本，书目会列举一种书的多种版本，访书时才能做到心中有数。"江澄波说。

很多古籍被收到文学山房时已碎页零散，虫蛀破洞。江澄波的桌上摆着糨糊和各种工具，用来补虫蛀和残页。补得多了，凭借虫蛀形状，他就能判断出蛀虫种类，进而推测书籍的存放环境。

将古籍的鉴别经验传授给后辈，江澄波一直在努力。

1983 年，北京中国书店举办全国古旧书发行业务学习班，邀请他给几十名学员上课。江澄波将知识整理成书——《怎样鉴别古籍版本》，内容包含 14 个部分，对于各类古籍的鉴别方法都做出了详尽的解释。

《文学山房丛书》《文学山房明刻集锦初编》《江苏活字印书》……这些书籍记录着江澄波一家几代为古籍的流通、保存所做的努力。

时代变迁，护书初衷不改

江澄波说，最开心的是"给读者找书，给书找读者"。

江澄波还记得，小时候，有一次他看到一位穿长衫、戴眼镜的白发老叟，拄着手杖，在书架前看书，父亲恭敬地陪在旁边。客人付款购书后，父亲才悄悄告诉他，那就是国学大师章太炎。

近些年，经营旧书的同行们时常感慨书源"枯竭"：该露面的好书都露了，很难再有大批"生货"；谁家有好书，也大多送去拍卖场。年纪大了，腿脚不便，江澄波外出访书也越来越力不从心，大多是等书送来。

有企业家专程赶到苏州，与江澄波商谈，希望他拿出一部分书到市场上拍卖，江澄波都拒绝了。"我还是得传承文学山房提供古书给公藏机构的传统，每当收到好书，我用老方法写一份书目寄过去给他们看，书适合哪里，我就提供给哪里。"因为见过太多古籍的命运沉浮，江澄波总想着古籍能入藏图书馆、博物馆，让读者和学者实实在在地使用，才是古籍最好的归宿。

江澄波说，一页宋版一两黄金，宋代古籍能留存至今的非常少见。他先后收购过 10 种珍贵的宋版书，全部提供给了图书馆、博物馆，成为"镇馆之宝"。其中最早收到的宋版书，是一本宋嘉泰四年（1204 年）的刊本《东莱吕太史文集》，现藏于苏州博物馆。

"书和人一样，有各自的命运。从废品回收站抢救下来的书算运气好，否则就要被打成纸浆了。"江澄波说，如今来书店的青年读者越来越多，有爱书的人在，书香和文脉就不会断绝，"我还要为古籍继续工作下去。"

手捧古籍，坐在店门口，江澄波感觉自己仿佛不曾老去，还是那个小学生，放学回家推开店门，看到一位位读者站在书架前……

（原载《人民日报》2023 年 7 月 7 日）

人物小传

江澄波： 1926 年生，江苏苏州人。江澄波出身于一个古旧书籍世家，祖父于 1899 年创建文学山房，收集和销售古旧书籍，受到很多古籍爱好者喜爱。受父辈影响，江澄波从小对古籍产生浓厚兴趣，学习钻研版本目录学，在古籍鉴定与修复中积累了丰富经验。2001 年，75 岁的江澄波二次创业，重新开办旧书店，继续访书、购书，为公藏机构提供珍贵古籍，为挖掘、抢救、保存国家文化遗产贡献力量。

守护一座城的文化符号

97 岁高龄的老人，每年只在大年初一、初二休息，每天从早上 9 点到下午 4 点半，在书店的一角忙碌着……

决定是否收书、给书定价、为读者找书……书店里没有电脑，每一本古籍都牢牢印在江澄波的脑海里。前些年身体还爽利的时候，他每天要花几小时，整理书架、给书分类、修补旧书。正因为江澄波的这份热爱和坚持，让这间小小的旧书店，成为苏州的一个文化符号。

采访中，江澄波说："书店是一座城市的眉毛——眉毛看似不重要，但若缺了它，五官再精致，看着也乏味。"一座城市不能没有书店，这就是他还在坚守的原因。

姚雪青

杨佩娟：
"把工作变成爱好，人才能进步"

　　杨佩娟记得当年在电视上看到神舟十三号载人飞船返回的直播时，她激动地写下一行字——"向三位航天英雄致敬！"

　　自 2005 年从中国航天科工六院退休后，杨佩娟继续为航天事业发挥余热，她开始不断收集资料，整理素材、汇集成册。如今，她已积攒了厚厚两大本，不仅回顾了本人的职业生涯，还记载着中国航天里程碑式的发展进程。

　　从江南水乡走出，来到塞北大漠安家立业，又与火箭打了一辈子交道。杨佩娟说，现在的自已只是一个普通的退休老党员，但她关注国家的发展，她为我国航天事业取得如此成就感到骄傲和自豪。

"努力学习，毕业后到祖国最需要的地方去"

杨佩娟在上海市南京西路张园的里弄间出生长大，父亲曾任小学校长，她从小便接受了良好的教育，17岁考上中国科学技术大学，学习物理力学，才走出了上海。

至今，杨佩娟还记得大学课本是由我国导弹之父、著名科学家钱学森编著的《物理力学讲义》。钱学森曾担任中国科学技术大学近代力学系主任，也是杨佩娟的人生榜样。

"那个时候，学校名人云集，郭沫若是校长，还有华罗庚等一批著名科学家。我就读的化学物理系就是钱学森和郭永怀创办的。"杨佩娟回忆，"当时我只有一个目标，就是努力学习，毕业后到祖国最需要的地方去。"

毕业后，她像当初瞒着父母报考上海以外的大学一样，瞒着父母报名分配到了远在内蒙古的中国航天科工六院的前身——第七机械工业部第四研究院。送她上火车时，母亲流下了不舍的眼泪，但她没有丝毫后悔……

"那个年代，同学们都在争着抢着响应国家号召，报

名到艰苦的地方去。我也和大家一样，也要这样做。"杨佩
娟说。

就这样，从小就有花裙子、小皮鞋穿的杨佩娟，从江
南水乡来到了风沙肆虐的寒冷之地，穿上了粗布衣、厚棉
鞋，一头扎进简陋的实验室，在艰辛的工作岗位安度时光。

"干了40年，从来没有害怕过，也没想过放弃"

吃惯了青菜和小鱼虾，习惯了南方温润的气候，初来
内蒙古，杨佩娟生活很不适应，但她从来没有纠结过生活
条件的差距，因为她几乎把全部精力都放在了克服困难、
开展工作上……

刚参加工作时，杨佩娟开始着手开展微量推进剂能量
测试的预先研究课题"微型比冲"。麻雀虽小，五脏俱全，
课题涉及固体动力学方方面面的知识，她发现大学期间学
习的专业知识和自己的实际工作不对口，开展工作十分
吃力……

深处他乡，满怀年轻人初出茅庐时的迷茫，促使她给
钱学森先生写信诉说苦恼。很快，她便收到了钱先生的回
信："我们在大学里所学的那一点东西，比起事业的需要来，
是很不完全的，也是很不足道的，大量的知识点只有在实
际工作中才能学到。"

杨佩娟至今完好地珍藏着这封回信，她说，正是被她
视为终生恩师的钱学森先生的回信，为她树立了实现人生

价值的灯塔。

就这样，重新找回自信的杨佩娟潜心攻克着工作上的一个个难关。一边查阅资料、学专业知识，一边开展课题、做实验，和课题组同事一起按计划完成了阶段研究报告。

新中国成立后不久，我国亟须开展第三级固体燃料发动机的研究，其中，燃料配方的研制至关重要。而与配方研制配套的性能测试，需要立即建立一个小试车台。这个光荣而艰巨的使命，就落在了杨佩娟和她的团队肩上……

"性能测试既要了解配方，又要懂发动机原理。设计合适的发动机配件，还要提高测试精度，才能精准测出配方的性能。"杨佩娟说。

当时经费物资短缺，只能白手起家。他们跑遍院内的每个角落，把其他部门废弃的设备捡回来。时间紧任务重，只能加班加点，边学边干。经过一段时间的努力，一个可用于测试的小试车台如期建成。

杨佩娟坦言，其实她的工作具有极高的危险性。由于燃料配方有毒性，活性又非常强，极易燃烧爆炸，制作和测试操作如同在刀尖上行走。"随时可能发生爆炸、泄漏等，甚至还有同事为此付出宝贵的生命……"回想起过去，杨佩娟不禁惋惜落泪。

尽管如此，杨佩娟说，"虽然危险的经历数都数不过来，但干了40年，从来没有害怕过，也没想过放弃"。

"搞科研工作会不断面临新的挑战，需要在创新中求发展"

如今的中国航天科工六院，被誉为中国航天固体动力事业的"摇篮"，在中国航天史上做出了不小的贡献；今天的成就，正是从建院伊始至今，像杨佩娟一样一代代航天人，用孜孜不倦的奉献书写出来的。

"不存在墨守成规、一成不变的工作，搞科研工作会不断面临新的挑战，需要在创新中求发展。"杨佩娟说。

杨佩娟十分注重学习新知识。1979 年，不懂微机的杨佩娟在所里第一个萌生了搞微机应用的想法。她把年幼的孩子寄托在同事家，报名参加了当时航天部举办的首期微机培训班。半年多的学习，让她对微机着了迷，学习结束回到家，还在思考着试验方案和软件设计……

经过一年多的努力，她成功地将微机应用于固体推进剂的性能测试，将原来的工作效率提升了几十倍，这是中国航天科工六院历史上的首次。之后，她看到一个固体推进剂研究所当时还需要请托外单位进行配方理论计算，费时费钱，她决定用微机开发。从确定原理方法到编程和调试程序，杨佩娟解决了这个长期存在的问题。

杨佩娟先后参与了"巨浪一号"潜地导弹用发动机、"亚洲二号"通信卫星用上面级发动机等 20 多个型号推进剂配方研制的质量控制，她负责的"推进剂在旋转流场中燃烧特性的研究"课题为同行摸索出成熟的研究条件和方法。

　　国防科工委科研成果奖、部级科技进步奖、全国三八红旗手、内蒙古自治区劳动模范、国务院政府特殊津贴……杨佩娟一生荣誉满满，但她说，这些奖项的背后是团队的共同奋斗，也包含着她对家人的亏欠：由于忙于工作，一拖再拖，老母亲从病倒到病故的半年多时间里，她没请过一次假；她只有一个孩子，却很少有时间陪伴和照顾孩子，把有限的时间和精力，都投入了无限的工作中……

　　如今，刚参加工作时被同事称为"上海姑娘"的杨佩娟已到耄耋之年。她家写字台上的电脑旁，一本大数据分析方面的编程书籍是她经常学习的。"热爱是奋斗的最大动力。人就是这样，干一行爱一行，把工作变成爱好，人才能进步。"她说。

　　　　　　　　　　　　（原载《人民日报》2022年6月1日）

人物小传

　　杨佩娟：1943年生，上海人，中国航天科工六院研究员，分析测试研究室原主任，享受国务院政府特殊津贴。她参与了"东方红一号"固体燃料配方研究和20多个型号推进剂配方研制及主要性能的质量控制，并将微机应用于固体推进剂的能量计算和性能测试。

记者手记

热爱是奋斗的最大动力

年至八旬，杨佩娟对电脑、电子产品、手机软件十分精通，给记者留下极深的印象。

对待生活如是，对待工作依然如是。正是她努力学习并尝试用新方法解决新问题，积极乐观，勤于学习，乐于接受新鲜事物，才能够不断在科研领域取得新突破。

工作至今，杨佩娟从江南水乡到塞外草原已接近一个甲子。虽乡音未改，但骨子里并没有半点江南女子的柔弱。采访过程中，记者处处体会到她做事不遗余力、追求完美的执着精神。在她的带动下，她的同行、学生、后辈，也凭借对科研事业的坚韧执着，不断进取，让中国航天事业持续向前。

吴　勇